Hans-Joachim Kraus · Heiliger Geist

Hans-Joachim Kraus

Heiliger Geist

Gottes befreiende Gegenwart

Kösel-Verlag München

Reihe
EVANGELIUM KONKRET
Herausgegeben von Peter Eicher

CIP-Kurztitelaufnahme der Deutschen Bibliothek

Kraus, Hans-Joachim:
Heiliger Geist : Gottes befreiende Gegenwart /
Hans-Joachim Kraus. – München : Kösel, 1986.
(Reihe: Evangelium konkret)
ISBN 3-466-25126-5

Gesamtherstellung: Kösel, Kempten
Umschlaggestaltung: Günther Oberhauser, München
ISBN 3-466-25126-5

Inhalt

Einführung

»O Heiliger Geist – wir bitten für uns und für alle – O Heiliger Geist, der DU lebendig machst: hier mangelt es nicht an Gaben, nicht an Bildung, nicht an Klugheit, eher ist hier wohl zuviel davon; aber was hier fehlt, ist, daß DU nimmst, was uns zum Verderben wird, daß DU uns die Macht nimmst, und indem DU uns die Macht nimmst, uns das Leben gibst«
(Sören Kierkegaard)

»Wir haben noch nie gehört, daß es einen Heiligen Geist gibt!« Dieser Satz steht im Neuen Testament (Apg 19,2). Es ist kaum vorstellbar, daß heute eine solche Aussage in einem Bereich, den das Christentum seit Jahrhunderten beeinflußt hat, noch nachgesprochen werden könnte. Auf irgendeine Weise hat »man« davon gehört. Aber *wer* oder *was* ist das: »der Heilige Geist«? In dieser Hinsicht herrscht größte Unklarheit und Ungewißheit, nicht nur »draußen«, sondern auch »drinnen«, in der Kirche. Doch wer damit beginnt, über den Heiligen Geist zu reden oder zu schreiben, dem wird alsbald aus dem Kreis der Eingeweihten und besonders Kenntnisreichen erklärt, »uber« den Heiligen Geist könne man doch nicht sprechen oder schreiben, man müsse ihn in sich tragen; er sei eine Kraft, die alles Denken und Vorstellen übersteige, – ein Antrieb, der sich im Glauben und in der Nachfolge als gegenwärtig und wirksam erweise. Gewiß ist jedes Reden »über« Gott und seinen Geist ein armseliges Unterfangen, ein Versuch menschlichen Erkennens, brüchig und fragwürdig wie alles menschliche Bemühen – zumal dann, wenn das Denken in den Bereich eines Lichtes eintritt, das mit keiner Lichtquelle unserer Welt vergleichbar ist. Aber »Heiliger Geist« – das ist ein *Wort,* ein *Begriff* unserer Sprache. Hier kann und muß eine *Verständigung* geschehen, die mit dem Verstand, mit Rede und Schrift, erstrebt wird – bis hin zu den Grenzen menschlicher

Verstehensmöglichkeiten. Und sogleich können wir uns auf den wichtigen und grundlegenden Tatbestand beziehen, daß die biblischen Schriften des Alten und Neuen Testaments an zahlreichen Stellen vom »Geist Gottes« oder vom »Heiligen Geist« *reden und schreiben*. Da wird nicht ehrfurchtsvoll und mystisch geschwiegen, wenn vom »Geist« die Rede ist. Da wird nicht dem Enthusiasmus Raum gegeben, sondern in klarer Sprache geredet. Denn wo immer in der Bibel Gottes Geist bezeugt wird, da herrschen Klarheit und Wahrheit. Da wird alles Dämmerige, Unbestimmte, Schwebende, aber auch aller Trug, alle fromme List des Habenwollens verbannt. – Schon sind wir mit diesen ersten Bemerkungen ins Gespräch und in die Verständigung eingetreten! In der Tat will dieses Buch eine *biblisch gegründete,* aber gleichwohl in unsere gegenwärtigen Lebensverhältnisse hineinreichende Erklärung vorlegen.
Einige Vorklärungen sind erforderlich. Mit dem Wort *»Geist«* verbinden wir – *erstens* – die Vorstellung von etwas Unsichtbarem, das auf geheimnisvolle Weise »erscheint« oder spürbar wird. In den meisten Sprachen hat der dem deutschen Wort »Geist« entsprechende Begriff die Bedeutung: »Wind«, »Hauch«, »Atem«. Diese Bedeutungsnuancen erwecken den Eindruck von etwas Bewegtem und Bewegendem, das aber im Prinzip unsichtbar bleibt und nur an seinen Wirkungen erkennbar wird. Und ganz gewiß ist die Frage nach dem Woher und Wohin dieses Bewegten und Bewegenden sogleich akut.
Seit alter Zeit wird in der »Lehre vom Menschen« eine Dreiteilung vorgenommen: Der Mensch »besteht« aus Leib, Seele und Geist. Bezeichnet der »Leib« die körperlich-physische (materielle) Seite des Menschen, so wird mit »Seele« und »Geist« jeweils das fühlende und empfindende, Gefühle und Empfindungen ausstrahlende, bzw. das denkende, nachdenkende, vernunftgemäß sich äußernde Leben des Menschen erfaßt. *Aristoteles* hebt den »Geist« als »Vernunft« deutlich von den beiden anderen »Schichten« des Menschen ab. In jedem Fall haben wir zu beachten, daß es sich im Zusammenhang der »Lehre vom Menschen« um den *menschlichen Geist* handelt. Hier ist »Geist« oder

»das Geistige« die Intelligenzsphäre, die nicht selten, so jedenfalls in jeder Gestalt des Idealismus, als höhere Stufe des Seins vom Natürlichen und Seelischen am Menschen abgehoben wird. Der Geist ist dann die einzige oder doch die bestimmende Wirklichkeit, der gegenüber alles Leibliche, Sinnliche und Seelische niedriger einzustufen oder gar völlig abzuwerten ist. »Der Leib ist ein Grab«, sagte *Platon*. Die verheerenden Folgen dieser Einschätzung alles Leiblichen sind in der christlichen Tradition bis auf den heutigen Tag feststellbar. Aber auch der andere Effekt einer solchen Wertung hat im Christentum nachgewirkt: Der menschliche Geist gewinnt – vor allem in der schroffen Gegenüberstellung zum hinfälligen, sterblichen Leib – *göttliche* Qualität. Er ist »etwas Göttliches im Menschen«. Aber sollte dieses »Göttliche« mit dem Heiligen Geist, dem Geist Gottes, in eins gesetzt werden können? Wie oft ist eine solche Identifizierung geschehen! Sie hatte und hat – vom Ansatz der Gegenüberstellung her – die unabsehbaren Folgen, daß »Geist Gottes«, idealistisch verstanden, in einen Gegensatz zu allem Natürlichen und Leiblichen gestellt wird. Der vom menschlichen Leib abgehobene und für »göttlich« erklärte »Geist« wird in die Überwelt projiziert und für ein selbständiges Wesen, genannt »Geist Gottes«, erklärt. Die unnachsichtige Religionskritik *Ludwig Feuerbachs* ist diesem »religiösen Verfahren« der Selbsterhöhung des menschlichen Geistes gründlich auf die Schliche gekommen und hat eine scharfe Demarkationslinie für alles Menschliche gezogen. – Fazit: Es wird in allem, was zum Thema »Geist Gottes« ausgeführt werden wird und auszuführen ist, stets die *Grenze des Menschlichen* zu beachten sein. Jede Erhebung oder sogar Überhebung des Menschlichen in die Sphäre des »Göttlichen« hat mit dem biblischen Geist Gottes nichts zu tun. Menschlicher Geist ist und bleibt: Geist *des Menschen*.

Aber nun die andere Seite! Auf die Frage: Wer ist Gott? oder auch: Was ist Gott? wird – *zweitens* – in den Hochreligionen, aber auch in den Religionsphilosophien verschiedenster Prägung, zumeist geantwortet: *Gott ist Geist;* Gott ist ein Geistwesen.

Auch das Johannes-Evangelium sagt »Gott ist Geist« (Joh 4,24). Es scheint eine beachtliche Übereinstimmung vorzuliegen. Doch ist – dies sei schon jetzt erklärt – ein großer, fundamentaler Unterschied festzustellen zwischen einem religiösen Allgemeinbegriff »Geist« bzw. »Geistwesen« und der besonderen biblischen Redeweise und Auffassung vom »Geist Gottes«. Es muß deshalb jede »Definition« (kann Gott »definiert« werden?) jeweils daraufhin befragt werden, welches bestimmte oder auch unbestimmte Geist-Verständnis in ihr vorausgesetzt ist. Es wäre ein tiefgreifender und weitreichender Irrtum, wenn angenommen würde, was »Geist« heißt, das sei allgemein bekannt. Denn auch der religiöse Allgemeinbegriff, auf den verwiesen wurde, stellt sich im jeweiligen Kontext religiöser Lebensäußerungen verschieden dar. Betrachtet man z. B. antike Systeme der himmlischen Überwelt, so läßt sich wahrnehmen, daß das höchste Geistwesen »Gott« wie ein Schalenbrunnen überquillt und sich in zahlreiche, abgestufte göttliche Geister ergießt. Eine ganze Geisterwelt geht da aus »Gott« hervor, Erscheinungen und Abbilder des Höchsten – Engelwesen, die in die Welt hineinwirken. Diese Geistes-Gegenwart des Göttlichen auf der Erde kann verschiedene Grade des Sublimen und Unsichtbaren einnehmen – bis hin zur Alldurchdringung der Welt im Pantheismus, die seiner Auflösung ins All gleichkommt. Schon ein kleiner Einblick in die Welt der »göttlichen Geister« genügt, um die Aufmerksamkeit zu schärfen und von Fall zu Fall genau zu fragen: Wer ist Gott? Wie wird vom »Geist Gottes« im Kontext geredet? Vor allem in der Befragung des Alten und Neuen Testaments werden diese Probleme fortgesetzt vor uns liegen.

Noch ein *dritter* Aspekt wird zu beachten sein, wenn es gilt, die biblische Rede vom Geist Gottes gegen benachbarte Vorstellungen von »Geist« und »Geistern« abzugrenzen. Wir folgen damit – jedenfalls in einem ersten Anlauf – der neutestamentlichen Mahnung: »Prüft die Geister!« (1 Joh 4,1). Gleichsam zwischen dem menschlichen Geist und dem (überweltlichen) göttlichen Geistwesen wird von einem »Geist« als von einem *übernatürli-*

chen, aber nicht göttlichen Wesen gesprochen. So erscheinen Tote als Geister. In Luk 24,37 heißt es von den Jüngern: »sie erschraken aber und fürchteten sich; sie meinten, sie sähen einen Geist«. Noch wissen die von Furcht Geschüttelten nichts vom Geheimnis und Wunder der Auferstehung ihres Herrn; noch messen sie die »Erscheinung« am Maßstab des Okkulten: Ein Totengeist begegnet ihnen. Solche Geister-Erscheinungen mögen aus der Traumwelt herrühren, aber sie gewinnen, wie viele Menschen es bezeugen, »objektive« Gestalt. Doch hier ist nicht der Ort, derartige Visionen zu erklären, oder sie als »Aberglauben« zu verurteilen. Es gibt zwischen Himmel und Erde mehr als Menschenverstand zu ermessen vermag *(Shakespeare).* Dazu gehören gute und böse Geister, Mächte einer Zwischenwelt, die in das menschliche Leben einwirken. So jedenfalls wird es in vielen Religionen bezeugt. Und auch die Bibel spricht von hilfreich schützenden Engelmächten und von dämonischen »Geistern« (Matth 8,16; 10,1 u.ö.). Es kann sich hier nicht darum handeln, eine derartige Mythologie in souverän-aufgeklärtem Bewußtsein hinter sich zu lassen. Auch wir kennen den »bösen Geist« des Hasses, der Vergeltung und des Mordens, und den »guten Geist« der Liebe, des Friedens und des Lebens. Darüber hinaus gibt es zahlreiche »Geister«, die wir »Ideologien« und »weltanschauliche« Mächte nennen. Sollen wir einstimmen in die Deutung, dies seien »überpersonale Vergeistigungen«, die letztlich aus »Abstraktionen« bestehen? Oder können und müssen konkrete *Macht*erfahrungen angesprochen werden? – Nicht in der Sprache und Vorstellungswelt, wohl aber in der Sache, d.h. in der Machterfahrung, wird dem Apostel zu folgen sein (Eph 6,12): »Wir haben nicht mit Fleisch und Blut zu kämpfen, sondern mit Mächten und Gewalten ...« Was aber haben alle diese Geister mit dem Geist Gottes, dem Heiligen Geist, zu tun? Dies ist eine der Fragen, auf die später genauer einzugehen ist.

In 1 Kor 2,12 schreibt der Apostel Paulus: »Wir haben nicht den Geist der Welt empfangen, sondern den Geist aus Gott, daß wir wissen können, was uns von Gott geschenkt ist.« Mit diesen Worten wird die *absolute Wende* angezeigt, auf die wir uns nun einzustellen haben. Der »Geist aus Gott« ist unvergleichlich mit allem, was aus der intellektuellen oder religiösen, menschlichen oder übernatürlichen »Welt« angeboten und empfangen werden kann. Schon diese ersten Orientierungen und Abgrenzungen versetzen uns an einen *völlig neuen Anfang* des Fragens und Forschens, Suchens und Tastens. Und doch wird in allem, was auszuführen sein wird, noch einmal auf die – hier zunächst nur angerührten – Geist-Vorstellungen zurückzukommen sein. Denn der in der Bibel bezeugte Geist Gottes tritt nicht beziehungslos in unsere Welt ein. Als *Geist der Wahrheit* setzt er sich mit den Geistern in Kampf und Krisis auseinander. Als *Geist der Liebe* strahlt er aus in alles, was den Geschöpfen Gottes gut, hilfreich und förderlich ist.

I. Die Ankündigung des Geistes

Wer die biblische Rede vom Heiligen Geist erkennen und verstehen will, wird im Alten Testament einsetzen müssen. Dort geschieht die Ankündigung des Geistes. *Vorwort* des Neuen Testaments sind die alttestamentlichen Texte; sie bezeugen die *Vorgeschichte* des Geschehens, von dem die Evangelien und Apostel künden. Nur dieses Vorwort und diese Vorgeschichte öffnen ein Verständnis dieser Verkündigung. Das Evangelium bleibt verschlossen, wenn nicht durch diese offene Türe eingetreten wird. Auf einem langen Weg der Geschichte Gottes mit seinem Volk Israel bildet und formt sich der Begriff des »Geistes Gottes« – in vielfältigen Beziehungen und Zusammenhängen. Aber es kann und soll hier nicht eine Entwicklung der Begriffsbildung entfaltet werden. Nur an einigen Hauptthemen wird veranschaulicht, wie das Alte Testament vom »Geist Gottes« spricht und wie das genuin biblische Verständnis dieses Begriffs vorbereitet wird.

1. »Wer ist dir gleich . . .?!«

Unter dieser Frage fällt die erste weitreichende Entscheidung. Denn mit der Konzentration auf die Rede vom »Geist *Gottes*« stellt sich sogleich das Problem ein: Wer ist dieser Gott, von dessen »Geist« gesprochen wird? – Wer von einem Allgemeinbegriff des »Geistes« ausgeht und dann möglicherweise auch noch einen Allgemeinbegriff »Gott« voraussetzt, wird jede Möglichkeit des Verstehens verfehlen. Denn im Alten Testament ist »Gott« kein allgemeiner Begriff, der irgendein überweltliches Wesen anonymer Gestalt anzeigen würde. Es ist der Gott Israels, dem wir begegnen. Er hat sich herabgeneigt und aus der Fülle der Völker das kleine und unscheinbare Israel auf der Brücke der Kontinente erwählt. Die Offenbarung dieses Gottes ist das Ereignis einer Wahl, deren Voraussetzung souveräne, freie Entscheidung und liebevolle Zuwendung ist. So tritt Gott in die Welt der Völker ein. Die Geschichte Israels wird zum Weg, als dessen Ziel die Begegnung mit der gesamten Menschheit schon in der Verheißung an Abraham aufleuchtet (Gen 12,3). Es ist ein biblischer Grundsatz: *Gott kommt in Israel zur Welt.* Seine erste Tat kennzeichnet seinen Weg und sein Ziel: *Befreiung* – Exodus aus dem Bereich der Großmacht Ägypten. »Die Wahrheit ist konkret« *(B. Brecht)*. Gott ist kein abstraktes, überirdisches Wesen, sondern menschenfreundlicher Retter, allein erkennbar in seiner Selbstmitteilung, die von befreienden Taten begleitet ist. Er erweist seine Allmacht in seiner Liebe, seine Heiligkeit in irdischen Taten. Da wird dann erkannt: »Herr, wer ist dir gleich unter den Göttern? Wer ist dir gleich, der so mächtig, heilig, schrecklich, preisenswert und wunderbar ist?!« (Ex 15,11). Dieser Hymnus ist ein Echo des Exodus-Geschehens, keine theoretische Betrachung über die Unvergleichlichkeit des in Israel offenbar gewordenen Gottes. Der Gott Israels erweist sich als der, der er ist, in der Geschichte seiner Taten. Und diese Taten werden angekündigt und begleitet von seinem, erwählten Menschen mitgeteilten Wort.

Die Frage, *wer* dieser Gott ist, erfährt eine unerhörte Zuspitzung durch die Frage nach seinem *Namen* (Ex 3,13). Mose fragt: Wer bist du? Wie heißest du? Dann nennt er seinen Namen: JHWH (die hebräischen Konsonanten des sog. Tetragramms werden vokalisiert ausgesprochen: Jahwe). Gott stellt sich selbst vor. Die Bibel kennt keine anonyme, namenlose Gottheit. Immer handelt es sich um das Besondere und Bestimmte des Namens – bis hinein ins Neue Testament; dort wird Jesus der »Name gegeben, der über alle Namen ist« (Phil 2,9) Der Name ist das Urwort der Selbstmitteilung Gottes, Inbegriff der Offenbarung, einschneidender Akt der Selbstunterscheidung des Gottes Israels von allen Göttern und Mächten. In seinem Namen *gibt* Gott sich zu

erkennen; der Name steht im Brennpunkt aller Taten und Worte. So kann ihm kein anderer Name gegeben werden als der, mit dem er sich selbst vorgestellt hat; ihm kann kein anderes Wesen oder Wirken zugeschrieben werden als das im Zeichen seines Namens erschlossene. Gewiß, der Name will nicht ausschließen, daß Gott der Allmächtige und Allgegenwärtige ist, – Herr der Völker, Schöpfer des Himmels und der Erde –, aber der Name setzt die unumkehrbare Ordnung, daß der *Weg der Erkenntnis,* der Selbstvorstellung Gottes entsprechend, vom Besonderen zum Allgemeinen, vom konkreten Befreiungsgeschehen zur Macht über das All führt. »Die zentrale Stellung des Namens schließt ein, daß Offenbarung immer *besondere* Offenbarung gewesen ist, ist und sein wird. Gott hat einen Namen, er ist nicht der Namenslose; Gott ist nicht das All, er wird erkannt als eine Wirklichkeit, die sich *in* der Welt *von* der Welt unterscheidet. Gott tritt uns nicht entgegen als das Allgemeine, das überall zu finden ist, vielmehr als das Besondere, das irgendwo an bestimmter Stelle gesucht und gefunden werden kann« *(K. H. Miskotte).* An dieser »bestimmten Stelle« fällt die Entscheidung darüber, wer Gott ist. Nicht ein allgemeiner religiöser Begriff, sondern ein namentlich sich mitteilendes Ich, das nun auch beim Namen nennbar, anrufbar ist als das Du aller Zuflucht und Hilfe.
Fragen wir nach dem *Geist* dieses Gottes, so werden wir gehalten, die Antwort auf die Frage, wer Gott sei, nie aus dem Gedächtnis zu verlieren und uns kein Abgleiten in irgendeinen Allgemeinbegriff zu erlauben. Spricht das Alte Testament – und dann auch das Neue – vom »Geist Gottes« oder vom »Geist des Herrn« (JHWH), dann ist es stets dieser bestimmte Gott und Herr, von dem der Geist ausgeht.

2. Die schöpferische Macht

Schon auf der ersten Seite der Bibel wird vom »Geist Gottes« gesprochen: »Und die Erde war wüst und leer; und der Geist

Gottes schwebte über den Wassern« (Gen 1,2). Priesterliche Theologie formulierte diese Aussage, die nicht in irgendeine (fremde) Mythologie zurücktransportiert werden sollte. Denn mit »Geist Gottes« meinen die Priester nicht ein unbestimmtes vorgeschöpfliches Fluidum oder eine an der Weltentstehung beteiligte »brütende Urkraft«, sondern den Gott Israels, der als *Schöpfer* des Himmels und der Erde bezeugt wird. Sein Geist schwebt über den vorgeschöpflichen Chaoswassern. So erkennt es die »rückwärtsgewandte Prophetie« der biblischen Rede von der Schöpfung.

In der kirchlichen Tradition sieht die Auslegung von Gen 1,2 die Trinität vorgebildet; sie redet vom »Heiligen Geist«. Aber hier sind Zurückhaltung und genaues Aufmerken geboten. Die Eigenaussagen des Alten Testaments wollen scharf erkannt sein; nur auf diesem Weg wird dann auch die besondere Rede des Neuen Testaments vom Heiligen Geist verständlich. In dem allen sollte Joh 7,39 nicht übersehen werden: »der Geist war noch nicht da, denn Jesus war noch nicht verherrlicht«; d. h. doch: die Offenbarung des Heiligen Geistes geschieht zu einer bestimmten Stunde. Im Blick auf die alttestamentliche Vorgeschichte bereits von der offenbaren »Trinität« zu reden, dies wäre Spekulation. Auch hier gilt: Gottes Offenbarung ist konkret, sie läßt sich nicht in theologisch-dogmatische Prinzipiensetzungen überhöhen. – Zurück zum Text: Gottes Geist schwebt über den vorgeschöpflichen Chaoswassern. Bevor der Schöpfer spricht und mit seinem schöpferischen Wort die Gestalt des Himmels und der Erde aus dem Gestaltlosen hervorruft, war er in seinem Geist allgegenwärtig da. Es ist die Theologie des 139. Psalms, die diese Allgegenwart des Schöpfers erklären kann:

> Wohin soll ich gehen vor deinem Geist,
> und wohin soll ich fliehen vor deinem Angesicht?
> Führe ich zum Himmel auf, so bist du da;
> bereitete ich mir ein Bett in der Totenwelt,
> siehe, so bist du auch da.
> Nähme ich Flügel der Morgenröte

und bliebe am äußersten Meer,
so würde auch dort deine Hand mich führen
und deine Rechte mich halten. (Ps 139,7–9

Wird also von dem über den Wassern schwebenden Geist Gottes gesprochen, so wird deutlich darauf hingewiesen: Das Urchaos war keine der Macht und Allgegenwart des Schöpfers entzogene, selbständige Sphäre (wie in den Mythen der Umwelt Israels); in souveräner Höhe und Erhabenheit war er gegenwärtig.

Ehe denn die Berge wurden
und die Erde und die Welt geschaffen wurden,
bist du, Gott, von Ewigkeit zu Ewigkeit. (Ps 90,2)

Das Schweben des Geistes über dem Urchaos bezeugt die Allgegenwart Gottes, des *Schöpfers*. Wie im Folgenden zu zeigen ist, spricht die Bibel vom Geist Gottes als von einer schöpferischen Macht. Die Kirche nannte ihn »creator Spiritus« (»Schöpfer Geist«). Ein eigenartiges Profil trägt die Aussage in Ps 33,6:

Der Himmel ist durch das Wort des Herrn gemacht
und all sein Heer durch den Hauch seines Mundes.

Hier ist der »Geist« der schöpferische Hauch, der beim Sprechen Gottes ausgeht. Anders ausgedrückt: Das schöpferische Wort gestaltet kraft des von ihm ausgehenden »Geistes« Himmel und Erde. Das Geistwort oder der Wortgeist des Schöpfers ist vollzugsmächtig:

Denn wenn er spricht, so geschieht's,
wenn er gebietet, steht es da. (Ps 33,9)

Aufs innigste sind *Wort und Geist* miteinander verbunden. Die Erkenntnis ist von fundamentaler Bedeutung. Gottes Geist ist kein wortloses, unbestimmtes Fluidum; er »artikuliert« sich, erklärt sich im Sprechen dessen, von dem er ausgeht und schöpferisch wirksam wird. Es wäre zu wenig, wenn man sagen würde, der Geist begleite das Wort. »Geist« ist die innere Dynamik, die schöpferische Macht des Wortes Gottes. So hat es Israel in seiner

Geschichte erfahren; so wird aus dieser Geschichtserfahrung das Geheimnis und Wunder der Schöpfung in retrospektiver Prophetie bezeugt.
Die Grundbedeutung des hebräischen Wortes, das mit »Geist« übersetzt wurde, kann mit den Begriffen »Hauch«, »Wind«, »Atem« wiedergegeben werden. Aber dies bedeutet nicht, daß »Geist« ein natürliches, etwa meteorologisches Phänomen wird. Immer ist die belebende und bewegende schöpferische Macht des *Gottes Israels* gemeint. Von dem mit seinem *Namen* bekannten und genannten Schöpfer geht der »Geist« oder »Lebensatem« aus. So erzählt der alte Schöpfungsbericht in Gen 2,7: »Da machte Gott der Herr den Menschen aus Erde vom Ackerboden und blies ihm Lebensatem in seine Nase. So ward der Mensch ein lebendiges Wesen.« Im biblischen Kontext ist dieser Satz von unauslotbarer Tiefe. Der menschliche Leib wird dem Erdstoff entnommen, denn »aus Erde bist du und zu Erde sollst du werden« (Gen 3,19). Oder Ps 104,29:

> Nimmst du ihren Lebensatem fort,
> so vergehen sie und werden wieder zu Staub.

So verdankt der sterbliche, zu Erdenstaub und Ackerboden zerfallende Mensch seine Existenz als lebendiges Wesen der Einhauchung des Atems, der vom JHWH ausgeht. Bewußt wird an den Namen zu erinnern sein, denn die schöpferische Macht, die das eigentliche Leben des Menschen erweckt, ist nicht »etwas Göttliches«, sondern Gabe des Gottes, der sich in der Geschichte seiner befreienden Taten selbst vorstellt und als Quelle und Ursprung alles Seins erkannt werden will. Der Psalmsänger bekennt:

> Bei dir ist die Quelle des Lebens
> und in deinem Licht sehen wir das Licht. (Ps 36,10)

Bedeutet dies alles letztlich nicht doch, daß der »Geist« des Menschen als »Göttliches im Menschen« anzusprechen ist? Diese Frage fordert zu umfassender Klärung heraus. Nur einige wenige Gesichtspunkte, die allerdings eine bleibende Gültigkeit

auch für den christlichen Glauben haben, können hier vorgetragen werden:
(1) Die in der griechischen Welt vorgenommene und von der philosophischen Tradition rezipierte Dreiteilung des Menschen in Leib, Seele und Geist, und vor allem die daraus erwachsene Definition von »Geist« muß zunächst einmal völlig ausgeschaltet werden. Das Alte Testament spricht von *Lebensatem,* der das lebendige Wesen Mensch zu dem macht, was es ist. Doch dieser Lebensatem ist nicht einfach vorhanden. Er wird dem Menschen *gegeben.* Daß der Mensch lebt, verdankt er dem, der sich mit seinem Namen bekannt gemacht hat und den er anrufen darf.
(2) Damit ist ausgeschlossen und für das gesamtbiblische Verständnis undenkbar, daß dieser Lebensatem »etwas Göttliches« ist. Die Bibel kennt das unbestimmt-neutrische Reden vom »Göttlichen« nicht. Sie stellt den Menschen immer in eine *Ich-Du-Beziehung,* in der er aus der Unverschlossenheit und Selbstbezogenheit zur Erkenntnis und zum Bekenntnis aufwacht:

> Ich danke dir dafür, daß ich wunderbar gemacht bin;
> wunderbar sind deine Werke, das erkennt mein Leben.
> (Ps 139,14)

(3) So ist der Lebensatem, der das menschliche Leben konstituiert, schöpferische Gotteskraft, *anvertraute Gabe,* ein Lehen. Dieser Lebensatem ist keine »ewige Potenz«, sondern befristet verliehenes Gut. »Meine Zeit steht in deinen Händen«, bekennt der Sänger in Ps 31,16. Doch ist dieser verliehene Lebensatem für den Menschen der Ursprung seines gesamten Daseins: des belebten Leibes, der seelischen Welt der Gefühle und der geistigen Kräfte der Vernunft, und also des gesamten menschlichen Seins in seiner unzertrennbaren Einheit.
Die Welt des Alten Testaments redet realistischer und umfassender vom Menschen als die griechisch-philosophische Welt. Davon ist auszugehen. Entsprechend ist das überkommene »Geist«-Verständnis in seiner Wurzel zu verändern und zu erneuern. Das Denken und Nachdenken, das Erkennen des Glaubens ist zu tiefreichenden Neuorientierungen herausgefordert. Fragt man

hier abschließend, ob nicht doch archaische und primitive (animistische) Vorstellungen von einer »Atemseele« in das Alte Testament hineinragen – Vorstellungen, die *unter* dem Niveau der griechisch-abendländischen Lehre vom Menschen liegen, so wird zuzugestehen sein, daß Begriff und Vorstellungsform in diese Richtung weisen, nicht aber die inhaltliche Aussage und der Kontext. Denn (1) ist der Ursprung des Lebensatems oder »Geistes« *streng personal* auf den Gott Israels – sein Name ist Jahwe – bezogen; dadurch ist auch die Personalität des Menschen als eines Gegenübers Gottes konstituiert. Und (2) spricht das Alte Testament eine *elementare Lebenserfahrung* – dem Ich-Du-Verhältnis entsprechend – aus; diese elementare Lebenserfahrung wird von Juden und Christen gleichermaßen nachvollzogen. Sie trägt die Signatur: *völlige Anhängigkeit des Lebens* von Gott dem Schöpfer.

3. Der Umsturz des natürlichen Geistes

Das Alte Testament spricht von besonderen Erscheinungs- und Wirkungsweisen des Geistes Gottes am Menschen. Es kann geschehen, daß einzelnen Menschen der »Geist der Weisheit« verliehen wird, der sie zu herausragenden Fähigkeiten und Taten ermächtigt. So wird z. B. in Ex 28,3 jede Art von künstlerischer Gestaltungsfähigkeit auf die Wirkungen des Geistes Gottes als des Geistes der Weisheit zurückgeführt. Kunst ist nicht eine dem Menschen inhärente Fähigkeit der Machtäußerung, sondern eine Gabe des Geistes Gottes. Wir sprechen von »Be-gabung« oder von einem »begnadeten Künstler« und äußern damit eine Ahnung vom besonderen Beschenktsein eines Menschen zum kunstvollen Gestalten. Gabe des Geistes ist auch, wenn Menschen Weisheit und also Erkenntnis des Lebens und des Weltgefüges empfangen. Davon spricht die Spruchweisheit des Alten Testaments. Das Denken und geistvolle Formulieren ist keine vorhandene »geistige Kapazität«, sondern durch den Geist Gottes Empfangenes.

Der Apostel Paulus stellt einen *Grundsatz biblischen Lebensverständnisses auf: »Was hast du, das du nicht empfangen hast?«* (1 Kor 4,7). Wer diesen Grundsatz nicht akzeptiert, verfällt der Selbstüberhebung, jenem Stolz und jener Hybris, die die Voraussetzungen und Gaben des Menschlichen Daseins mutwillig überschreitet und ignoriert: dem Akt der Entfremdung von Gott dem Schöpfer.

Mannigfaltig und vielgestaltig wie die *menschlichen Begabungen,* die wir kennen, sind die Wirkungen des Geistes am Menschen. Sie reichen vom politischen Führungsvermögen bis hinein in die profunden Rätsel der Traumdeutung. Dem Geist der Weisheit ist es zu verdanken, wenn Josua befähigt wird, das Volk Israel durch alle Tiefen und Dunkelheiten des politisch-geschichtlichen Weges hindurchzuführen (Dtn 34,9). Und so preist auch der ägyptische Pharao das politische Geschick Josephs, indem er es auf den »Geist der Weisheit« zurückführt (Gen 41,28). Angesichts der undurchdringlichen Wirren und Schwierigkeiten des politischen Lebens teilt das Alte Testament nicht den aufgeklärten, hybriden Optimismus, daß der selbstherrliche Sachverstand der Regierenden schon alle Schwierigkeiten meistern und alles zum Guten lenken werde. In der hebräischen Spruchweisheit lautet die Selbstaussage der (als selbständiges Wesen hervortretenden) Weisheit: »Durch mich herrschen die Regenten und die Fürsten richten auf Erden« (Spr 8,16). So ist denn auch die in Gerechtigkeit verlaufene Rechtssprechung dem »Geist der Weisheit« zu verdanken: Jes 28,6. Bis in die Abgründe der Traumwelt reicht die Begabung. Daniel vermag die Träume fremder Großkönige zu deuten (Dan 4,5ff.; 5,11ff.). Auch das Erforschen der Tiefen der Seele, die Analyse unterbewußter Bilder und Visionen ist ein Charisma (Gnadengabe).

»Was hast du, das du nicht empfangen hast?« Dies ist letztlich eine Frage des Schöpfers an sein Geschöpf, das ihn daran erinnert: *Schöpfung ist Gnade,* »unverdiente, väterliche Güte und Barmherzigkeit« (Luther). Alles, was der Mensch »hat«, ist – im Licht der Schöpfung – nicht sein Erwerb oder Verdienst, sondern Wirkung des Geistes Gottes am Menschen. Damit leitet die Bibel zu einer völlig neuen Welt- und Lebensorientierung an, die aufzunehmen und der entsprechend umzukehren jeder Mensch gerufen ist, wenn er nicht Sinn und Bestimmung seiner Existenz preisgeben bzw. selbstgenügsam und hochfahrend in sich selbst sich verschließen will.

In der Lehre der Kirche vom Heiligen Geist gibt es – seit den Anfängen – eine bemerkenswerte, auf das Alte Testament Bezug nehmende Erklärung folgender Ausprägung: Der Heilige Geist, der von Gott dem Vater und dem Sohn ausgeht, ist seit Anbeginn in allen Zonen und zu allen Zeiten die *universal wirksame Macht,* die Weisheit, Wissenschaft und Kunst – alle guten Gaben und Fähigkeiten der Menschen hervorgebracht hat. Denn es ist der Geist des Schöpfers, der *creator Spiritus,* der in allem seine begnadende Kraft erweist. In dieser Lehre wird nicht verallgemeinert, sondern es wird, vom besonderen Selbsterweis des Geistes Gottes und der namentlichen Selbstvorstellung dieses Gottes ausgehend, erkannt: Das All ist durchdrungen von *diesem* schöpferischen Geist, seine begnadende Macht spiegelt sich in allen Gaben und Fähigkeiten. Diese Konzeption entspricht der Logos-Theologie in Joh 1: Das »Wort« *(Logos),* das im Anfang war und durch das alle Dinge geschaffen sind, »ward Fleisch und wohnte unter uns« (Joh 1,14), teilte sich also mit und gab sich in einem konkreten Ereignis der Selbsterniedrigung (Inkarnation) zu erkennen. Doch von eben diesem in seiner Selbstmitteilung offenbar gewordenen Logos heißt es in Joh 1,9: »Er war das wahre Licht, das alle Menschen erleuchtet, die in diese Welt kommen.« So gibt es also in unserer Welt kein leuchtendes, gutes »Licht«, das nicht dem *einen* Logos-Licht zu verdanken wäre! Gottes Geist erweist sich als Umsturz unseres natürlichen Denkens, das in seiner Selbstverschlossenheit und Selbstbespiegelung fortgesetzt von der eigenen Würde, vom eigenen Verdienst und von den als eigenes Produkt reklamierten Fähigkeiten des Menschen ausgeht. Doch Gottes Geist richtet Gottes Recht, das *Recht des Schöpfers,* in einer Welt auf, in der nichts mehr recht und ursprungsbewußt zugeht. Selbstüberhebung und Faszination am Nichtigen sind an die Stelle der Dankbarkeit getreten (Röm 1,21).

Das Alte Testament spricht von der Stunde, in der Gottes Geist *vernichtend* wie ein heißer Glutwind aus der Wüste über alles Stolze und selbstsichere Wesen hinwegstürmt. Es ist keine lyrische Sentenz, sondern bitterer Ernst, wenn dem Propheten die Botschaft aufgetragen wird: »Alles Fleisch ist Gras, und alle seine Güte ist wie eine Blume auf dem Feld. Das Gras verdorrt, die Blume verwelkt; denn der Geist des Herrn bläst darein. Ja, Gras ist das Volk! Das Gras verdorrt, die Blume verwelkt, aber das Wort unseres Gottes bleibt ewig« (Jes 40,6–8). An den Auswirkungen eines Schirokko, eines heißen, alle Vegetation zerstörenden Wüstenwindes, wird das in eine geschichtliche Situation der Selbstüberhebung hineinfahrende Gericht Gottes veranschaulicht. Gottes Geist wird zum vernichtenden Sturm. Dieses *Moment der Krisis* bleibt in der Rede vom »Geist Gottes« in der Bibel stets gegenwärtig. Dieser Geist gleicht nicht dem lauen, sanften Wind; es ist der Geist des *heiligen* Gottes, der, wie es das Alte Testament kundtut, sein Volk und die Völker *richtet*.

4. Geist-Begabungen

Bezog die biblische Nachfrage sich bisher auf den Bereich der Schöpfung und des Menschen, so haben wir es jetzt mit Wirkungen und Begabungen des Geistes Gottes zu tun, die spezielle Verhältnisse in der *Geschichte Israels* betreffen. Dieses Kapitel alttestamentlicher Botschaft ist um so wichtiger, als es in einem engen und stringenten Sinn der vorbereitenden Erkenntnis alles dessen dient, was dann im Neuen Testament über den Heiligen Geist ausgesagt wird. In allem, was nun vorzutragen ist, bilden sich Grundzüge des Kommenden aus.
Der Geist Gottes ergreift, erfüllt und ermächtigt Menschen, Israel aus der Gewalt aller seiner Feinde zu befreien. Davon ist im Buch der Richter häufiger die Rede (Ri 3,10; 6,34; 11,39; 13,25; 14,6). Wir nennen diese Menschen »charismatische (von Gott begabte) Retter«. An Gottes Statt verrichten sie *befreiende Ta-*

ten. Beide Momente prägen sich dem biblischen Geist-Begriff tief ein: das der *Befreiung* und das eines *Handelns an Gottes Statt*. In den befreienden Taten dieser Retter ist Gott selbst gegenwärtig. »Geist« ist das Kennwort für die befreiende Gegenwart Gottes in seinem Volk.

Später geht das Geist-Charisma auf die Könige Israels über. Anfangs noch gezeichnet durch das plötzliche Ergreifen und Ergriffenwerden eines Retters (Saul: 1 Sam 11,6), hernach bestimmt durch den Aspekt einer bleibenden, auf dem Regenten »ruhenden« Gabe. Zum Zeichen der Würde und Unantastbarkeit wird der König *gesalbt*. Damit zeichnet sich in die Vorstellung vom Geist Gottes das Geschehen der Salbung ein. Die »Salbung mit dem Geist« wird uns noch ausführlich beschäftigen. Wir lesen in 1 Sam 16,13: »Da nahm Samuel sein Ölhorn und salbte David mitten unter seinen Brüdern. Und der Geist des Herrn kam über David von diesem Tag an und weiterhin...« Durch die Bevollmächtigung des Geistes Gottes regiert der König an Gottes Statt.

Aus allen diesen Vorgegebenheiten erhebt sich in der Prophetie des Alten Testaments die *messianische Weissagung*. Angesichts des Verfalls der Dynastie Davids, des gesamten Königtums und Israels beruft die Prophetie sich auf eine Verheißung, die der Prophet Nathan dem König David übermittelt hatte (2 Sam 7,12). Der Gott Israels hatte versprochen, das Königtum Davids aufzurichten und zu befestigen. Die messianische Weissagung nimmt dieses Versprechen auf und richtet es auf die Zukunft hin aus. Wie wird der kommende König, der Messias (d. h. der Gesalbte), ausgerüstet sein? »Auf ihm wird ruhen der Geist der Weisheit und der Erkenntnis, der Geist des Rates und der Stärke, der Geist der Erkenntnis und der Furcht des Herrn« (Jes 9,2). Der Messias wird der Geist-Begabte sein; die Fülle der Gaben des Geistes wird ihm zuteil werden. Doch alle Linien, die wir verfolgten, laufen zusammen in Jes 61,1, wo ein unbekannter Sprecher die Selbstaussage des Messias sich zu eigen macht: »Der Geist des Herrn ruht auf mir, weil mich der Herr gesalbt hat; er hat mich gesandt, den Elenden frohe Botschaft zu bringen, zu heilen, die gebrochenen Herzens sind, den Gefangenen Befreiung zu verkünden und den Gebundenen Lösung der Fesseln . . .« Die Salbung mit dem Geist erweist sich hier als Sendung und Ermächtigung, Unterdrückten gute Botschaft zu bringen, nämlich Befreiung aus Gefangenschaft, aus Bannung und Leiden. Wir werden noch sehen, wie Jesus von Nazaret diese prophetische Aussage aufnimmt (Lk 4,17ff.). Der Geist Gottes empfängt in Jes 61 die Prägung eines *messianischen Geistes,* der zur Rettung und Befreiung antreibt und bevollmächtigt.

Im Alten Testament ist auch, aber relativ selten, von der Geist-Begabung der *Propheten* die Rede. Vor allem Elia und Elisa wirken aus der Kraft des Geistes Gottes, der sie leitet, erfüllt und in ihren Reden und Handlungen antreibt (2 Kön 2,9ff.). Insbesondere die ekstatisch sich gebärdenden Propheten wurden »Männer des Geistes« genannt (Hos 9,7). In ihrem rauschähnlich sich auswirkenden Enthusiamus hielt man sie für »verrückt«. So stark also war die Gewalt des Geistes, der über sie kam, daß sie aus dem Gleichgewicht fielen und »außer sich gerieten«. Aber diese extremen Formen eines prophetischen Enthusiasmus werden im Alten Testament abgewiesen. Daraus erklärt es sich auch, daß Geist und Prophetie nur selten in Beziehung zueinander gesetzt wurden. Doch ragt die Aussage Mi 3,8 heraus. Der Prophet erklärt: »Ich aber bin erfüllt mit Kraft, mit dem Geist des Herrn, mit Recht und Stärke, Jakob seinen Frevel und Israel seine Schuld vorzuhalten!« Micha stellt sich mit diesem Hinweis auf seine Bevollmächtigung in einen Gegensatz zu den ohnmächtigen Sehern und Kündern in Israel. Die Geist-Ermächtigung des Propheten erweist sich in der Kraft, die Verfehlungen des Volkes Gottes aufzudecken und im Namen Gottes Anklage zu erheben. Dies ist die Kehrseite der befreienden Wirkungen des Geistes Gottes: einschneidende Krisis, die sich auf alles Unrecht und jeden Frevel erstreckt. Gottes Geist ist ein *Geist der Wahrheit.*

Hier ist es wohl angezeigt, über den fundamentalen Unterschied zwischen dem griechischen und dem hebräischen Wahrheitsbegriff nachzudenken. »Wahrheit« im griechischen Denken könnte man mit der Spitze einer Pyramide vergleichen, als unerreichbaren Punkt einer »Spitzenerkenntnis«, einer Erkenntnis des Ganzen, das – vom Gipfelpunkt aus – *»unverhüllt«* erscheint. Der griechische »Geist« erhebt den geistigen Menschen aus der Tiefe auf den Gipfel. – Im Alten Testament wird diese »Pyramide« gleichsam auf den Kopf gestellt. Die Spitze weist nach unten. Alle Macht und Ermächtigung des »Geistes Gottes« als des Geistes der Wahrheit dringt hinein in die konkrete politische und geschichtliche Situation und *deckt sie auf,* bringt Lüge und Verirrung, Unrecht und Schuld ans Licht. In den Spitzenaussagen der Prophetie rückt der Geist der Wahrheit dem Menschen auf den Leib. – Bedenken wir, wie verhängnisvoll die Entfremdung der christlichen Kirche vom Geist der Prophetie des Alten Testaments und die Hinwendung zum griechischen Wahrheitsbegriff sich ausgewirkt hat, dann könnte eine Ahnung erwachen, wie radikal und total die Buße und Umkehr sein müßte. Da ist kein Absehen!

Im Alten Testament ist Gottes Geist eine *führende Macht,* wirksam in Plänen, Ratschlägen und Handlungen (Jes 30,1). Je neu ist es das Gebot der Stunde, sich von diesem Geist leiten und bestimmen zu lassen. Auch dieses Gebot öffnet politische Dimensionen. Wer sich nicht von der Macht des Geistes führen läßt, verfällt dem Vertrauen auf eigene Stärke und fremde Mächte (Jes 30,2). Gottes Geist aber ist nicht ferne, er erweist sich als gegenwärtiges Angebot an Ratlose und Ohnmächtige. Das Volk Gottes wird gewürdigt, Avantgarde in der Erkenntnis des Gottes-Spruchs zu sein: »Es soll nicht durch Heer oder Kraft, sondern durch meinen Geist geschehen!« (Sach 4,6). Der Geist wird hier als *die* Wirklichkeit erwiesen, die allein »Realität« genannt zu werden verdient. Nur ein bibelfremder Phantast könnte diese Aussage idealistisch mißverstehen. Denn Gottes Geist ist *Gottes befreiende Gegenwart* in seinem Volk, verbunden mit einer totalen Entmächtigung und Abrüstung aller vernichtenden Gewaltpotentiale. Nimmt das Volk Gottes dieses Angebot an? Oder nimmt es – hinter »nüchternen politischen Entscheidungen« sich verbergend – Zuflucht zu militärischen Mächten und Schutzbündnissen? Wie aber kann das Gottesvolk,

das *für sich selbst* das Angebot des befreienden und schützenden Geistes Gottes *nicht* annimmt, »Licht der Welt« und Segen der Völker sein?! Es verfehlt seine Sendung. Alle seine politischen Ratschläge sind hohles Gerede, törichte Einmischung in die Strategie der »Heere und Kräfte«, deren Realität längst als nichtig erwiesen ist.
Allein der Geist Gottes kann sein Volk führen und schützen (Jes 63,14). Er ist – so sagt es nun die alttestamentliche Prophetie wörtlich – der »*heilige* Geist«, in dem der Gott Israels seine heilige Gegenwart bekundet (Jes 63,10). Diese heilige Gegenwart Gottes in seinem befreienden und schützenden Geist wird durch den Widerstand im Volk Gottes »betrübt«; sie wird abgewiesen. Dies ist die traurige Eröffnung.
Doch war Israel dazu erwählt und berufen, Gottes *heiliges Volk* zu sein, ihm zu gehören und ihm zu dienen, ihm zu folgen und durchdrungen zu sein von seiner Heiligkeit. Es heißt in Lev 19,2 in der Anrede an Israel: »Ihr sollt heilig sein, denn ich bin heilig, der Herr euer Gott!« Wenn im Neuen Testament von der Wirkung des Heiligen Geistes in der *Heiligung* der Christen die Rede ist, so wird zu erkennen sein, daß dieses Thema im Alten Testament vorbereitet und angekündigt ist. In Lev 19 stehen die Gebote Gottes unter dem Vorzeichen dieser Heiligung. Wer zum Bundesgenossen Gottes berufen ist, der wird im Bund bestimmt und geprägt durch sein Gegenüber, den heiligen Gott. Von Lev 19,2 spannt sich der Bogen bis hin zum Wort der Bergpredigt: »Ihr sollt vollkommen sein wie euer Vater im Himmel vollkommen ist« (Mt 5,48). Aber dies ist nur der Auftakt. Zum Neuen Testament wird im Kontext der Rede vom Heiligen Geist genauer von der Heiligung zu sprechen sein.

5. Die Verheißung

In auswegloser Lage wird dem Volk Gottes durch den Propheten Ezechiel die Verheißung Gottes übermittelt: »Ich werde euch ein neues Herz geben, und einen neuen Geist in euer Inneres legen; ich werde das steinerne Herz aus eurem Leib herausnehmen und euch ein fleischernes Herz geben. Meinen Geist werde ich in euer Inneres legen und bewirken, daß ihr in meinen Geboten wandelt und meine Weisungen treu erfüllt« (Ez 36,26f.). Zuerst sind Begriffe zu erklären. Im Gegensatz zum steinernen, hart verschlossenen und unzugänglichen Herzen weist die Rede vom »fleischernen Herzen« hin auf ein weiches, zugängliches, man könnte sogar sagen: *wahrhaft menschliches,* d.h. dem Geschöpf Gottes entsprechendes und ihm zukommendes *Herz.* Das »steinerne Herz« ist eine Verunstaltung, eine Perversion des Menschlichen, die die Prophetie mehr und mehr ans Licht gebracht hat. Aber so soll es nicht bleiben!

Die vom Propheten übermittelte Verheißung Gottes sagt eine einschneidende Wende an, die wie eine kritische, lebensgefährliche Operation geschildert wird. Das Herz aus Stein wird herausgenommen; ein neues Herz eingepflanzt. Diese verheißene Wende ist ein *schöpferischer Vorgang,* den allein der vollbringen kann, der da spricht und verheißt. Die schöpferische Erneuerung aber wird durch den Geist Gottes ausgeführt. Wenn dieser Geist in das Innere des Menschen gelegt wird, ist die Wende vom Alten zum Neuen geschehen. Dann prallt die gute und gnädige Weisung (Tora) Gottes mit allen ihren Geboten nicht mehr auf den abweisenden, unzugänglichen Stein, sondern findet Eingang in ein offenes Herz, das sich vom Wort Gottes leiten und bestimmen läßt. Längst ist wohl erkannt worden, daß in diesem Text »Herz« kein anatomisch aufweisbares Organ ist, sondern – wie überall im Alten Testament – das Zentrum des menschlichen Wollens und Wünschens, Planens und Denkens, also gleichsam die »Kommandobrücke« menschlicher Existenz. Sie wird – hilfreich und befreiend – besetzt von Gottes Geist. Das ist die Verheißung. Der Geist-Begriff wird durch eine neue, für das Neue Testament ganz entscheidende Nuance bereichert und geprägt: Gottes Geist erweist sich als Gottes befreiende und hilfreiche Gegenwart *bis in die Tiefen des menschlichen Herzens* hinein. Sofort bricht die Frage auf: Wird der Mensch dadurch nicht »fremdbestimmt«;

einer Heteronomie, also einem ihm selbst nicht eigenen »Gesetz« unterworfen?

Diese Frage verkennt zum einen die Tatsache, daß ein »steinernes Herz« Inbegriff des Fremden, wahrhaftig: ein *Fremdkörper* im menschlichen Leib ist und daß die verheißene Wende dahin zielt, ihm ein wahrhaft menschliches, humanes, der Schöpfung und Bestimmung entsprechendes »Herz« zu geben. Zum anderen wird nicht bedacht, daß menschliches Leben nur durch den *befreienden Geist* zur Freiheit finden kann. Dies alles wird im Neuen Testament in aller Deutlichkeit zur Sprache gebracht. Die Verheißung des Geistes erheischt eine ihrer Ankündigung entsprechende Erfüllung.

Doch schon im Alten Testament hat die prophetische Verheißung in Ez 36,26f. Bitte und Gebet ausgelöst:

> Schaffe in mir, Gott, ein reines Herz,
> und gib mir einen neuen, beständigen Geist.
> Verwirf mich nicht von deinem Angesicht,
> und nimm deinen heiligen Geist nicht von mir! (Ps 51,12f.)

Mit dem ersten Wort dieser Bitte, das im Alten Testament streng für die Schöpfung Gottes ausgespart ist, hat der Beter erkannt: Es geht um *Neuschöpfung*. Die Wende wirkt der Geist als *creator Spiritus*. Durch ihn wird das Zentrum der menschlichen Existenz erneuert – zur Reinheit und Beständigkeit.

Die Verheißung des Geistes gilt dem Gottesvolk Israel. Das zeigen prophetische Ankündigungen wie Jes 32,15; 44,3; 59,21 Ez 39,29; Sach 12,10 ganz deutlich. Man könnte also von einem »innergemeindlichen Ereignis« sprechen. Dabei gewinnt die Vorstellung von einer *Ausgießung* des Geistes Gestalt. Wie Ströme erquickenden Wassers auf ausgetrocknetes Land niederfallen, so ergießt sich der Geist als Segensmacht auf erstorbene Menschen (Jes 44,3). Diese Ausgießung weckt das Bild von einer himmlischen, »von oben« herniederkommenden Fülle.

Doch die Verheißung des Geistes reicht über Israel hinaus, sie betrifft »alles Fleisch«, d.h. *alle Menschen*. So jedenfalls redet der Prophet Joel in Kap. 3: »Und nach diesen Tagen will ich meinen Geist ausgießen über alles Fleisch, und eure Söhne und Töchter sollen prophetisch reden, eure Alten sollen Träume empfangen, und eure Jünglinge Visionen schauen.« Diese prophetische Verheißung und Ankündigung ist deswegen von besonderer Bedeutung, weil sie im Neuen Testament mehrfach aufgerufen wird, um die eingetroffene Erfüllung ins Licht zu rücken. Wieder wird von Joel die Vorstellung von einer »Ausgießung« aufgenommen. Die ganze Menschheit ist davon betroffen. Jedoch nicht in dem universalen Sinn, von dem im Kontext der Schöpfung die Rede war, sondern mit einem sehr speziellen Effekt. Der Geist ermächtigt zu verschiedenartigen Äußerungen *prophetischer Erkenntnis und Rede*. Hier mag ein Wunsch aufgenommen sein, der Mose als Gebet in den Mund gelegt worden war: »Wollte Gott, daß alle im Volk des Herrn Propheten wären, daß der Herr seinen Geist auf sie legte!« (Num 11,29). Doch in Joel 3 werden alle Grenzen gesprengt, auch die von alt und jung, Mann und Frau. Weltweit wirkt der Geist Gottes Erkenntnis und vollmächtige Verkündigung.

Wie an vielen anderen Stellen weist das Alte Testament mit allen diesen Verheißungen und Ankündigungen über sich hinaus. Doch daran besteht kein Zweifel: Das Kommen des Geistes wird im Vorwort und in der Vorgeschichte zum Neuen Testament in der Weise zur Sprache gebracht, daß die eigenartigen Grundzüge der zukünftigen Gabe immer schärfer ins Licht treten und seine Besonderheit anzeigen.

II. Jesus von Nazaret – erfüllt vom Geist Gottes

Gottes Geschichte mit seinem Volk und den Völkern ist die Geschichte seiner Herabneigung und Zuwendung zu allen Menschen. Sie ist kein stummes, fernes Geschehen; sie teilt sich mit und wird erkennbar und nah. Sie ist eine inklusive Geschichte, von der wir alle aufgenommen und umschlossen werden. Es ist eben *Gottes* Geschichte mit seinen Geschöpfen, *gegenwärtig* in der Kraft des Geistes und der Botschaft, die zum Ziel des Hörens und Glaubens gelangen will. In seiner Geschichte mit den Menschen ereignet sich ebenso wunderbare wie geheimnisvolle Solidarisierung und Identifizierung Gottes mit dem menschlichen Geschick. Das Alte Testament kündigt es an: »So spricht der Hohe und Erhabene, der ewig thront und dessen Name ›der Heilige‹ ist: In der Höhe und als Heiliger throne ich und bei den Zerschlagenen und Geängstigten, um den Geist der Gebeugten zu beleben und das Herz der Zerschlagenen zu erquicken« (Jes 57,15). »Solidarisierung« bedeutet das Versprechen Gottes, das Tat und Wahrheit wird: »Ich bin bei euch und mit euch in der Tiefe aller eurer Not!« Und »Identifizierung« will besagen: »Ich mache mir euer dem Tod verfallenes Leben zu eigen; ich komme hinein in den Leib der Sorgen und Ängste!« Die Geschichte der Herabneigung und Zuwendung Gottes zu allen Menschen, dessen Zeuge das Alte Testament ist, läuft auf das letzte Ereignis der Selbsterniedrigung zu. Es liegt beschlossen in dem *Namen* »Jesus von Nazaret«.

Wo ist Gott? Wo und wie ist er gegenwärtig?

Wurden wir durch das Alte Testament belehrt und in ersten Hinweisen darauf aufmerksam gemacht, daß Gottes Geist Gottes befreiende Gegenwart erweist, und daß von diesem Geist des mit seinem Namen benennbaren Gottes mannigfache Wirkungen und Gaben ausgehen, so konzentrieren sich nun alle ankündigenden Aussagen – wie die in einem Brennpunkt zusammentreffenden Strahlen – in Jesus von Nazaret, in dem und durch den offenbar wird, wer und was Geist Gottes ist. Daß dieser Geist wirkliche *Gegenwart* Gottes bei den Menschen ist, wird in dem Menschen Jesus von Nazaret besiegelt.

1. Der Christus

Im Neuen Testament sind zwei Redeweisen erkennbar: Zum einen wird, vor allem in den Evangelien, Jesus »der Christus« genannt; zum anderen wird die Bezeichnung »Christus« wie ein Name Jesus beigelegt: Jesus Christus. Die zuerst erwähnte Benennung muß deswegen unsere besondere Aufmerksamkeit finden, weil sie auf den hebräischen Begriff für den »Gesalbten« (Messias) zurückweist. Denn wörtlich übersetzt ist »der Christus«: der Gesalbte, der Messias. So findet sich denn auch die Bezeichnung »der Messias« in Joh 1,41 und 4,25. »Der Christus« ist ausgezeichnet durch die *Salbung* (Chrisma). Damit befinden wir uns im Kontext jener alttestamentlichen Aussagen, die von der Ausrüstung und Begabung des Königs bzw. des verheißenen Messias sprachen. Er war der (mit Öl) Gesalbte, der Geist-Gesalbte. Nun wird jedoch im Neuen Testament davon auszugehen sein, daß der Ritus der Ölsalbung, der mit der israelitischen Institution des Königtums verbunden war, zurücktrat. Jesus als der Christus ist der *Geist*-Gesalbte. Doch der Begriff der Salbung hält die Vorstellung fest, daß sein ganzes leibliches Sein untilgbar durch den Geist Gottes geprägt und bestimmt ist. Wie im einzelnen zu zeigen sein wird, hat Jesus von Nazaret die *unerschöpfliche Fülle* des Geistes Gottes empfangen. Diese Tatsache hebt ihn aus der gesamten Menschheit heraus und stellt ihn, den wahren, wirklichen Menschen, ganz auf die Seite Gottes. In ihm ist – in der Kraft des Geistes – *Gott selbst* gegenwärtig.

Im 4. Kapitel des Lukas-Evangeliums wird erzählt, Jesus sei in Nazaret am Sabbath in die Synagoge gegangen und habe aus der heiligen Rolle einen Prophetentext vorgelesen: Jes 61,1f.: »Der Geist des Herrn ruht auf mir, weil er mich gesalbt hat; er hat mich gesandt, den Elenden frohe Botschaft zu bringen, zu heilen, die gebrochenen Herzens sind, den Gefangenen Befreiung zu verkünden und den Gebundenen Lösung der Fesseln ...« Nach der Verlesung der prophetischen Verheißung rief Jesus aus: »Heute ist dieses Schriftwort erfüllt vor euren Ohren!« (Luk 4,21). Es ist das große, alle Zeiten und Zonen durchdringende, das »erfüllende« *Heute Gottes,* das damit proklamiert wird. Jesus von Nazaret, erfüllt vom Geist Gottes, erscheint im Fluchtpunkt der prophetischen Verheißungsperspektive. Es ist eine Erfüllungs*botschaft,* die hier laut wird. Alles steht und fällt mit dem ohnmächtigen Wort des Mannes aus Galiläa, das sich in der Kraft des Geistes an den Hörern bestätigt. Gottes befreiende, heilende und schützende Gegenwart erzeigt sich in dem vom Geist erfüllten und ermächtigten Jesus von Nazaret. In der Macht des Geistes redet und handelt er *an Gottes Statt.* Der messianische Geist, den das Alte Testament ankündigte, wird im Christus offenbar. Darum kann, wird die Besonderheit der Offenbarung Gottes wirklich erkannt, nie mehr vom Geiste Gottes unter Absehung von Jesus als dem Christus gesprochen werden. Nur der in *seinem* Leib gegenwärtige Geist ist Gottes Geist

Die Verbindung und Verkettung mit dem Alten Testament ist unzerbrechlich und unauflösbar; sie muß, wenn von Jesus als dem Christus die Rede ist, sogleich am Anfang stehen. Nicht nur in Lk 4 und unter Verweis auf Jes 61, sondern auch in Mt 12,17–21 – dort mit dem Zitat von Jes 42,1–4 – wird der innige Zusammenhang herausgestellt. Und immer handelt es sich um die angekündigte Geist-Begabung des Messias, um seine vom Gott Israels ausgehende Ermächtigung und Sendung, zu helfen und zu heilen, zu retten und zu befreien.

In allen Evangelien wird die *Taufe Jesu* als der entscheidende Akt der Geist-Mitteilung, Ermächtigung und Sendung des Christus verkündigt. Als Jesus getauft worden war – so wird berichtet –, da tat sich der Himmel auf und der Heilige Geist kam in leiblicher Gestalt wie eine Taube auf ihn herab (Lk 3,21 f.). Nach Mt 3,17 war dieses Ereignis begleitet von einer »Stimme aus den Himmeln«: »Dies ist mein geliebter Sohn, an dem ich Wohlgefallen habe!« Die Intention der Erzählung des Matthäus-Evangeliums kann eine *Messias-Proklamation* genannt werden: Jesus von Nazaret – erfüllt vom Geist Gottes – *er* ist der Christus.

Nun sollte man an dieser Stelle nicht sogleich erklären, das Taufgeschehen könne doch mißverstanden werden, wenn das Ganze »nur« die Adoption eines Menschen zum »Sohn« und Messias Gottes gedeutet, damit aber die Jungfrauengeburt und das Mysterium der Inkarnation außer acht gelassen werde! Vielmehr leitet uns das Neue Testament im Kontext der alttestamentlichen Verheißungen dazu an, das Geheimnis des Messias als des »Sohnes Gottes« im Zeichen der Geist-Mitteilungen zu erkennen und also »den Christus« von seinem Chrisma her als den, der er ist, zu verstehen. Dies könnte auch und vor allem im Gespräch der Kirche mit der Synagoge von großer Bedeutung sein. Das Johannes-Evangelium spricht vom Besonderen und Einzigartigen der Geist-Begabung des Jesus von Nazaret, wenn unter Bezug auf die Taufe erklärt wird: »Der, den Gott gesandt hat, redet die Worte Gottes; denn nicht nach (begrenztem) Maß gibt er den Geist. Der Vater liebt den Sohn und hat alles in seine Hand gegeben« (Joh 3,34f.). Damit wird betont hervorgehoben: Das Geheimnis des Christus als des »Sohnes« liegt darin beschlossen, daß er den *Geist Gottes ohne Maß,* in maßloser Fülle empfangen hat. Ihm ist »alles« von seinem Vater anvertraut. So kann Jesus selbst sagen: »*Alles* ist mir von meinem Vater übergeben worden . . .« (Mt 11,27).

Kein anderer Mensch kann so sprechen.

Die Geist-Christologie, die in den Evangelien dargelegt wird, hat sich auf das gesamte Neue Testament ausgewirkt. In der Apostelgeschichte wird gesagt, Jesus von Nazaret, von Gott mit dem Heiligen Geist und mit Kraft gesalbt, habe, beginnend mit der Taufe durch Johannes, Gutes getan und geheilt, denn *»Gott war mit ihm«* (10,38). Als der Christus wirkt Jesus an Gottes Statt.

Gott selbst ist mit seinem Geist in ihm und durch ihn gegenwärtig.
Auch der Apostel Paulus spricht, wenn vom Geheimnis und Wunder »Gott war in Christus« die Rede ist, vom *Geist,* der in Jesus wohnt. Diese Erkenntnis kann auf die Identifizierung zu laufen: »Der Herr ist der Geist« (2 Kor 3,17). So innig und alldurchdringend sind Jesus und der Geist miteinander verbunden! Ja, dies kennzeichnet ihn als den »Herrn« und »Sohn«, daß Gottes Geist ohne Maß in ihm gegenwärtig ist. Aber von den Aussagen des Apostels zum Thema »Christus und der Geist« wird noch eingehend in anderem Zusammenhang zu handeln sein.
Kommen wir zurück zum Bedenken, die Rede von der Salbung des Jesus von Nazaret mit dem Geist, also insbesondere der Bericht von der Taufe durch Johannes, könne als »bloßer Adoptionsakt« mißverstanden werden! Man argwöhnt, Jesus würde »auf die Stufe eines Propheten« gestellt und allenfalls als »größter Prophet« benannt. Tatsächlich hat die sog. »adoptianische Christologie« in allen ihren verschiedenartigen Ausdrucksarten diesem Argwohn Nahrung gegeben.
Aber kann denn wirklich alles das, was bisher ausgeführt wurde, in diesem Sinn mißverstanden werden? Liegt nicht das Geheimnis des Christus als des »Sohnes« tatsächlich darin beschlossen, daß er den Geist Gottes *ohne Maß,* in maßloser Fülle, empfangen hat? Kann *mehr* gesagt werden als dies: »*Alles* ist mir von meinem Vater übergeben worden ...« (Mt 11,27)? Dieses »Mehr« wird in der christlichen Kirche mit den Aussagen über die Inkarnation und Jungfrauengeburt bezeichnet. Sie stehen im Glaubensbekenntnis der Kirche. Doch nun ist gerade dies außerordentlich wichtig, daß das Mysterium der Inkarnation und Jungfrauengeburt (und es handelt sich in der Tat um ein *Mysterium*!) von der Geist-Christologie angezeigt wird. Matthäus und Lukas überliefern eine Geburtsgeschichte Jesu, die verkündigt: Jesus ist gezeugt und geboren »aus dem heiligen Geist« (Mt 1,20; Lk 1,35). Woher empfängt diese *Verkündigung* ihre Legitimation? Sie ist – vom Taufgeschehen motiviert – die prophetische

Enthüllung, der ein entsprechendes Glauben und Bekennen korrespondiert: Die leibliche Existenz des Jesus von Nazaret ist aus Gott, aus seinem heiligen Geist geboren; in seinem Ursprung und also in seinem ganzen Sein ist dieser Mensch Jesus von Nazaret »Sohn Gottes«, »Gott von Art«. Aber zur Bezeichnung »Sohn Gottes« wird sogleich Näheres auszuführen sein. Nur sollte man, dies sei schon jetzt erklärt, nicht die aus der griechischen Geisteswelt stammende Zwei-Naturen-Lehre geltend machen, sondern im biblischen Kontext vom Wirken des Geistes Gottes auch und vor allem angesichts des Jesus von Nazaret sprechen. Damit würde auch hier der Überhang philosophischen Denkens und philosophierender Erfassung weichen – zugunsten alttestamentlich-prophetischer Perspektiven und Denkweisen, die dem Glauben, der Erkenntnis und dem Bekenntnis des Neuen Testaments gemäß sind.

2. Gottes Sohn

Bevor die dem Neuen Testament eigene Rede von Jesus als dem »Sohn Gottes« bedacht wird, muß zunächst einmal festgestellt werden, daß die Bezeichnung »Sohn« in einer dreifachen *menschlichen* Beziehung auf Jesus angewandt wird. Er wird »Sohn Davids« genannt. Dies ist ein messianischer Titel, der auf die dem König David gegebenen Verheißungen rekurriert. Es ist aber auch ein menschlicher Titel, der Jesus in den israelitisch-jüdischen Geschlechterzusammenhang hineingestellt sieht. Jesus ist Jude. Er ist nicht in einem allgemeinen Sinn »Mensch«, sondern *jüdischer Mensch*. Wird er »Sohn« genannt – und dies ist die zweite Beziehung –, dann wird die alttestamentliche Benennung *Israels* als des »Sohnes« Gottes aufgerufen und in Erinnerung gebracht (vgl. Ex 4,22f.; Hos 11,1). In Mt 2,15 wird Jesus mit Israel identifiziert: »aus Ägypten rief ich meinen Sohn«. Schließlich wird Jesus in den Evangelien – in verschiedenen Zusammenhängen und mit unterschiedlichen Vorstellungen –

»Menschensohn« genannt. Daß er wahrhaftig »Mensch von Art« ist, kann aus dieser Benennung nicht überhört werden. Doch wie »Sohn Davids«, so ist auch »Menschensohn« ein messianischer Titel, ein Hoheitsprädikat, das in Dan 7,13f. vorgebildet worden ist.
Aber nun wird Jesus vor allem »Sohn Gottes« genannt, gleichsam programmatisch bei der Taufe (Mk 1,11). Damit wird aufgedeckt, was bereits nahegelegt worden ist, daß die Sohnschaft, von der das Neue Testament spricht, *Geist-bestimmt* ist. Hier handelt es sich nicht um ein natürlich-physisches Vater-Sohn-Verhältnis, sondern um einen durch den Geist Gottes konstituierten »Lebenszusammenhang«. Zudem ist schon durch das Alte Testament der Begriff »Sohn Gottes« *messianisch* geprägt. Der königliche Gesalbte wird »Sohn Gottes« genannt (Ps 2,7). Diese höchste Würde verdankt er der Erwählung und dem Chrisma des Geistes. Im schroffen Gegensatz zu den altorientalischen Königsmythen, die von der physisch-genealogischen Gottessohnschaft des Regenten reden, trifft das Alte Testament seine nüchternen Aussagen über den König. Das Alte Testament verbietet ein für allemal die Vorstellung und Rede von einem leibhaftig aus Gott hervorgegangenen »Sohn Gottes«. Diese Redeweise wäre mythologisch, in keinem Fall biblisch. Auch das Bekenntnis zu Jesus Christus ist von dieser folgenreichen alttestamentlichen Neuorientierung betroffen. Taufe, Berufung, Sendung und Wirken Jesu geschehen durch den Geist und im Geist. Dies ist das messianische Ereignis, das auch die Geburt prophetisch erhellt und sie damit der mythologisierenden Neugierde entreißt.
Der Geist Gottes ist es, der den »Erwählten Gottes«, den »Sohn« sprechen und rufen läßt: »Abba, Vater!« (Röm 8,15). Im Gebet ruft Jesus Gott als »Vater« an und holt in diese neue Lebensbeziehung die Seinen hinein, wenn er betet »Unser Vater...« (Mt 6,9). So ist das *Gebet* das eigentliche Band der Gemeinschaft zwischen »Vater« und »Sohn«, geknüpft und vollzogen durch den Geist Gottes. Im Hören und Antworten, Gehorchen und Anrufen *ereignet* sich das Vater-Sohn-Verhältnis, das urbildlich

von Jesus von Nazaret als dem Geist-Gesalbten in *ständigem* Gebet verwirklicht wird. Denn der Sohn »kann nichts aus sich selbst tun« (Joh 5,16). Sein Sohn-Sein realisiert sich in der völligen Preisgabe aller menschlichen Macht und in der ebenso völligen Abhängigkeit vom Geben und Ermächtigen Gottes. Damit werden Sinn und Bestimmung des Menschen als des Geschöpfes Gottes erfüllt. Gott kommt zu seinem Recht. Das Schicksal der Menschheit entscheidet sich an Jesus als dem Christus. So kann vom Geist Gottes nur sprechen, wer Jesus Christus zugewandt ist.

Wir können uns von Jesus als dem »Sohn Gottes« *kein Bild* machen, etwa mit göttlichen Zügen, die in einen Menschen hineingemalt werden. Denn in der Begegnung mit Jesus als dem Sohn Gottes *geschieht* etwas, das alle Hinwendung und Aufmerksamkeit von uns fordert. In der Ankündigung zukünftiger Rettung und Befreiung ruft die alltestamentliche Prophetie aus: »Gott selbst kommt und hilft euch!« (Jes 35,4f.). In Jesus geschieht es *in Wort und Tat:* »mit uns ist Gott« (Mt 1,23; Apg 10,38). »Gott war in Christus« (2 Kor 5,9). Einem Geheilten wird von Jesus geboten: »Gehe heim und sage, wie große Dinge *Gott* an dir getan hat!« (Lk 8,39). Dies alles ist Ereignis-Gegenwart: Gottes befreiende Gegenwart in seinem Geist-gesalbten Sohn.

Niemand, der Jesus als dem Christus begegnet, wird aus der unaufhebbaren Dialektik entlassen, die auch und gerade die Bezeichnung »Sohn Gottes« in sich schließt. Denn einmal enthält diese Benennung das Moment voller Unterordnung des Sohnes unter den Vater im Hören, im Gehorchen (Phil 2,8; Hebr 5,8), in ständigem Gebet, im Bitten und Empfangen. Dann aber tritt aus dem allen die letzte Gemeinschaft und Einheit des Sohnes mit dem Vater klar hervor – bis hin zu der Selbstaussage Jesu: »Ich und der Vater sind eins« (Joh 10.10.35) und zu der apostolischen Verkündigung, daß in ihm, dem Christus, die ganze Fülle der Gottheit leibhaftig wohnt (Kol 2,9).

Wer ist Jesus Christus?

Auf diese Frage antwortet ein Christus-Bekenntnis der urchristlichen Gemeinde, das Paulus an den Anfang seines Römerbriefes gestellt hat. Er ist der »Sohn, der nach seiner menschlichen Geburt aus Davids Geschlecht stammt, nach der Kraft des heiligen Geistes aber in die Machtstellung des Sohnes Gottes eingesetzt ist seit seiner Auferstehung von den Toten« (Röm 1,3f.). Hier erscheint zusammengefaßt, was ausgeführt wurde. Vor allem wird nachhaltig hervorgehoben, daß Jesus die Würde und Bezeichnung »Sohn Gottes« durch die Kraft des heiligen Geistes zugekommen ist. Für den urchristlichen Glauben und sein Bekennen ist dieser *messianische Hoheitstitel* »seit der Auferstehung von den Toten« manifestiert worden. Als der von den Toten Auferweckte ist Jesus von Nazaret als der Christus, als der Messias erwiesen. Wenn die Evangelien von ihm berichten und künden, seine Worte und Taten überliefern, dann tun sie es im Licht der Auferstehung und Erhöhung.

Daraus ergibt sich ein viel diskutiertes Problem: Wenn erst der Auferstandene als Messias und Christus erwiesen worden ist, muß dann dem irdischen Jesus die Messianität und also auch jegliches *Messias-Bewußtsein* abgesprochen werden? Und wird diese Frage nicht durch die Beobachtung gestützt und verschärft, daß in den Evangelien das »Messias-Geheimnis« waltet: Niemand soll erkennen und erfahren, daß Jesus der verheißene Messias ist? Man hat dieses Messias-Geheimnis als eine vom Auferstehungsgeschehen her und auf die Auferstehung hin angelegte Konstruktion der Evangelien verstanden; denn nur von der Enthüllung her, so meinte man, kann die bewußt eingeführte Rede von einem »Geheimnis« erklärbar sein.

Aber sieht man einmal ab von den nachösterlichen Hoheitstiteln (»Sohn Gottes«, »Christus«), so bleibt im Kontext des Alten Testaments die Erkenntnis bestimmend: Wort und Werk des Jesus von Nazaret sind Geist-gewirkt, sein gesamtes Wirken steht unter dem Vorzeichen des Tauf-Geschehens. Was bedeutet das für die Frage nach dem Messias-Bewußtsein Jesu? Unter Verzicht auf jede historisch-psychologische Sondierung, die nie zum Ziel kommen wird, kann auf Röm 8,16 verwiesen werden. Dort wird – im Blick auf die Christen – gesagt: Gottes Geist gibt unserem Geist Zeugnis, daß wir Gottes Kinder sind. Wenn diese innere Vergewisserung des Geistes Gottes im menschlichen Geist den Effekt der Erkenntnis hat »wir sind Gottes Kinder«, um wieviel mehr wird dieses »Bewußtsein« in dem walten, der erwählt ist, Gottes befreiende Gegenwart in der Welt zu erweisen. Sprechen wir darum angemessener von der *Geist-gewirkten Erwählungsgewißheit* des Jesus von Nazaret, die sich dann aber durchaus – und zwar bewußt und gewollt – hinter dem Messias-Geheimnis verbirgt! Das ganze Evangelium bleibt unverständlich, wenn von diesen Voraussetzungen und Zusammenhängen abgesehen würde.

3. In der Kraft des Geistes

Gottes befreiende Gegenwart in der Kraft seines Geistes wirkt sich aus im Wort und Werk des Jesus von Nazaret. Wie in der Geschichte Israels, so waltet der Geist Gottes im Wirken Jesu als führende und jeden Schritt leitende Macht. Mehrfach heißt es in den Evangelien, daß Jesus, »vom Geist geführt«, seinen Weg ging (Mt 4,1 Lk 2,27; 4,14). Dann trat er, »vom Geist erfüllt« (Lk 4,1) auf. Seine Verkündigung ist Rede aus dem Geist. Das zeigt vor allem die Bergpredigt, die mit den Worten abschließt: »Als Jesus diese Rede beendet hatte, entsetzte sich das Volk über seine Lehre, denn er lehrte als einer der Vollmacht besaß und nicht wie die Schriftgelehrten« (Mt 7,28f.). Gottes Geist setzt einen Einschnitt, denn in seiner Kraft wird nicht eine solche Schriftauslegung vollzogen, wie sie bei frommen Gelehrten üblich ist, vielmehr wird mit schöpferischem Elan ein neuer Anfang gesetzt, der im Zeichen der Nähe und des Anbruchs des Reiches Gottes steht. Die Bergpredigt ist das »Grundgesetz« des kommenden Reiches Gottes, proklamiert in der Kraft des Geistes. Denn beides gehört zusammen: Das Kommen des Reiches Gottes und die Wirkungsmacht des Geistes.
Aber was ist »Reich Gottes«?

Mit den Ankündigungen des Alten Testaments kann geantwortet werden: *Gottes neue Schöpfung,* in der er allein regiert; Gottes neue Welt, in der alle Mächte der Gottferne und des Todes überwunden sind. Gottes Geist ist der schöpferische Einsatz, durch den das Neue heraufgeführt wird. Anders ausgedrückt: Das Reich Gottes ist das Reich der Freiheit. Und der Geist als Gottes befreiende Gegenwart in einer Welt der Bindungen und Unterdrückungen setzt helfend und rettend sich durch. Dies alles kommt an den Tag und wirkt konkret in und mit Jesus von Nazaret. Hier wird der Hebelarm angesetzt, der die bestehende Welt aus den Angeln hebt.
Doch am Anfang steht das *Wort.* Im schwachen und unscheinbaren Wort des Mannes aus Galiläa ereignet sich die Wende. So enthält die Bergpredigt einerseits die *Krisis:* das Gottesgericht über alles menschliche Tun und Lassen; andererseits den *schöpferischen Anfang* unter den angesprochenen Hörern: »Ihr seid das Licht der Welt!« Im Wort des Sprechenden wirkt die Kraft der zukünftigen, neuen Welt, ewiges Gericht und ewiges Heil liegen darin beschlossen. Das aber bedeutet – im Unterschied zu jeder blanken Eindeutigkeit, die in der allgemein christlichen Frömmigkeit dem Evangelium abgewonnen wird: Die frohe Botschaft trägt in sich die letzte Krisis über Menschen und Völker. Dies alles in der Kraft des Geistes, dessen »kritische« Funktion schon das Alte Testament zu erkennen gab. Darum gilt: Wer das große, wunderbare Ja des Neuen Testaments, das allen Menschen zugesprochen wird, nicht als das Ja im Nein versteht, begreift es gar nicht. Jede Botschaft des Evangeliums trägt die Absage und den Widerspruch gegen das vorgefundene menschliche Wesen und die bestehenden Verhältnisse in sich. So erweist der Geist der Wahrheit seine Kraft und zerbricht jenes religiöse, aus Wunschdenken herauskommende Verhältnis zum Wort Gottes, das stets nur das Beruhigende und letztlich alles Sosein Bestätigende ergreift und sich zu eigen macht. Um die tief einschneidende, schöpferische Wende zu kennzeichnen, die insbesondere durch die Bergpredigt eingeleitet wird, könnte man über jeden Satz dieser Rede das Christus-Wort stellen: »Die

Worte, die ich rede, sind Geist und Leben« (Joh 6,63). Da wird nicht an menschliche Willenskraft oder an das Erfüllungsvermögen irgendeines Menschen appelliert; da gilt vielmehr: »Der Geist ist es, der lebendig macht, das Fleisch [das gesamte menschliche Wesen] richtet nichts aus« (Joh 6,63).
Man würde die Bergpredigt, aber auch jede andere Rede Jesu, völlig falsch verstehen, wenn man sie nicht als Rede in der Kraft des Geistes, und also als schöpferisches Ereignis – mit allen den Menschen entmächtigenden Implikationen – aufnähme. »Kehrt um, denn das Reich Gottes ist nahe herbeigekommen!« Unter der Anrede Jesu bewirkt der Geist *Umkehr des ganzen Menschen,* in die auch und vor allem eine grundlegende und tiefgreifende Wende des Verstehens eingeschlossen ist. Darum wird die Reaktion auf sein Wort mit den Begriffen »Entsetzen« und »Erschrekken« angezeigt. Billiger ist dieses Wort nicht zu haben. Denn der Geist Gottes entreißt den Hörer den trägen Träumereien der Gewohnheit und der müden Resignation, die *Shakespeare* einmal anspricht:

> Doch Wort bleibt Wort. Noch nie hab ich gelesen,
> daß durch das Wort ein krankes Herz genesen.

Gottes Geist läßt das Wort nicht (ohnmächtiges) Wort bleiben, erhebt es aber auch nicht in die Sphäre des Religiösen oder Feierlichen als eine »höhere Rede«, sondern aktiviert alle Kräfte des Schöpferischen, die nach biblischem Verständnis sogleich am Werk sind.
So führen die sog. Antithesen der Bergpredigt (Mt 5,21 ff.) in die Krisis des Scheiterns und in die Erkenntnis der Unmöglichkeit, Gottes Gebote zu erfüllen. Zugleich weisen sie mit der Radikalisierung des Willens Gottes auf den Einen hin, der in der Kraft des Geistes diesen Willen erfüllt und Menschen in den *Sog dieses Erfüllungsgeschehens* – durch sein Wort – hineinzieht. Die Summe und »Norm« aller Gebote wird durch Jesus im Doppelgebot der Liebe zu Gott und zum Nächsten formuliert. Und wieder wird zu erklären sein: Die Erfüllung dieses Doppelgebotes ist im Geist-Chrisma des Verkündigers schon gegenwärtig. Jesus selbst

ist Bürge und Initiator der Erfüllung. Immer sind es die Armen, Unvermögenden, Machtlosen, Trauernden, nach Gerechtigkeit Hungernden und Dürstenden, denen das Evangelium zugesprochen wird. Die Mächtigen und (religiös) Satten bleiben leer.

Jesus *redet* nicht nur in der Macht und Vollkommenheit des Geistes Gottes Worte, sondern er *ist* auch Gottes Wort (LOGOS), in dem der Schöpfer allen Menschen in der von ihm geschaffenen, getragenen und erleuchteten Welt begegnet (Joh 1). Damit sind wir wieder, wie schon im alttestamentlichen Teil dieses Buches, unter den universalen Horizont gestellt und haben uns alles das zu vergegenwärtigen, was zu den *alle* Menschen betreffenden Wirkungen des Logos bzw. des Geistes ausgeführt wurde.

Das Wirken Jesu, seine Heilungen, Wunder und Dämonenaustreibungen – dies alles geschieht in der Kraft des Geistes Gottes. *Zeichen der neuen Welt Gottes,* Signale der neuen Schöpfung sind alle diese *Taten und Wunder.* Wer sie mit der Elle des Mirakels messen würde, ginge an der Tatsache vorbei, daß der mit dem Geist Gottes ausgerüstete Christus an Gottes Statt handelt und die Nähe des Reiches Gottes ankündigt. Kranke und Leidtragende erfahren die Gegenwart des Kommenden, die Antizipation (Vorwegnahme) der Weltvollendung, in der kein Leid, kein Schmerz und kein Schrei mehr sein wird, weil das Erste vergangen und alles neu geworden ist (Offb 21,4f.). Besondere Aufmerksamkeit verdient dabei der Ausspruch Jesu: »Wenn ich die Dämonen durch den Geist Gottes austreibe, dann ist das Reich Gottes zu euch gelangt« (Mt 12,28). Nach neutestamentlichem Verständnis sind »Dämonen« dem Menschen feindliche Mächte, überpersönliche Kräfte des Bösen und der Zerstörung, die den Menschen in ihren Bann ziehen und ganz und gar gefangen nehmen. Diese Dämonen können, wie wir sahen, auch »Geister« genannt werden (Mt 8,16). Wer von ihnen »besessen« ist, galt als Ausgestoßener. Er ist in ein Dunkel geraten, in das niemand mehr vorzudringen vermag. Er ist ein Gefangener der Macht des Bösen. Wendet Jesus sich

diesen Menschen zu, dann erweist sich in seinem rettenden Tun die befreiende Gegenwart Gottes in der Kraft seines Geistes.
Sind alle diese Vorstellungen in unserer Zeit hinfällig geworden? Die medizinische Wissenschaft, vor allem die Neurologie, vermag die physiologischen und psychischen Zusammenhänge und Symptome zu messen, zu erhellen, zu erklären und – von Fall zu Fall verschieden – auch zu bessern oder gar zu heilen. Doch letztlich bleibt, wenn das Ich-Bewußtsein völlig ausgelöscht oder von fremden Faktoren überlagert ist, die schwere Frage: Wie ist all das Abgründige an überpersonalen Zerrüttungen und Fremdbestimmungen zu erklären? Diese Frage stellte sich auch *S. Freud* immer wieder, um gelegentlich zu antworten, letztlich enthalte doch die biblische Rede von den »Dämonen« eine angemessene Weise, das Unergründliche und Rätselhafte zu chiffrieren. Im Evangelium erweist sich die Kraft des Geistes als Kraft der Befreiung und Neuschöpfung eines zerstörten Menschen, der in eine aussichtslose Lage gefallen ist.
Alle Worte und Werke Jesu kulminieren im Spruch und Vollzug der *Vergebung* aller Sünden. Nach biblischem Verständnis ereignet sich diese Vergebung nicht nur im Bereich des moralischen Bewußtseins oder ritueller Symbole. Vergebung heißt: *Es wird ein ganz neuer, unvergleichlicher Anfang gesetzt.* Alles Alte, bisher Getane und Gelebte ist vergangen, Neues hat begonnen. Und dies alles in der Kraft des befreienden, schöpferischen Geistes Gottes. Hier gilt das Wort: »Wenn euch der Sohn befreit, dann seid ihr wahrhaft frei!« (Joh 8,36). Im Gegensatz zu allen Geistern und Ideologien, die Gegebenheiten beschönigen und »Lebensprozesse« verklären, ist Vergebung die verändernde und erneuernde Kraft des Geistes Gottes, die neue Anfänge setzt und neue Verhältnisse schafft. Jesus ist »in Person« die Überbrükkung des Abgrundes zwischen Gott und Mensch. Wer sich ihm naht, vernimmt den Spruch »Dir sind deine Sünden vergeben«; und d.h.: Nichts steht mehr zwischen dir und Gott! Der Geist stiftet *Gemeinschaft mit Gott* durch den Spruch der Vergebung.
Wer dies alles hört und aufnimmt, könnte eine Ahnung gewin-

nen, welcher Ernst und welche Erregung von dem Jesus-Wort ausgeht: »Jede Sünde und Lästerung wird den Menschen vergeben werden – doch die *Lästerung des Geistes* wird nicht vergeben werden. Was jemand gegen den Menschensohn gesagt haben mag, wird ihm vergeben – doch was er gegen den Geist gesagt hat, wird ihm nicht vergeben werden, weder in dieser noch in der kommenden Weltzeit« (Mt 12,31f.). Was ist das, und wie geschieht sie, diese »Lästerung des Geistes«? Wie kann es erklärt werden, daß unterschieden wird zwischen einer (vergebbaren) Verhöhnung des Menschensohnes Jesus von Nazaret und der (unvergebbaren) Verhöhnung des Geistes? Hatten wir nicht vernommen, daß Jesus als der Christus erfüllt ist vom Geist Gottes? Wie also können Jesus und der Geist nun doch noch einmal voneinander getrennt werden? Ist es denn möglich, ein kategorisches und eben höhnisch-überlegenes Nein zu Jesus zu sagen, ohne damit zugleich den Geist »gelästert« zu haben, der in ihm ist und aus ihm wirkt? Und umgekehrt: Wo wäre denn der »Geist an sich«, der hochmütig abgewiesen werden könnte, ohne daß Jesus der Christus betroffen wäre?
Wer über alle diese Fragen wieder und wieder nachdenkt, der gewinnt den Eindruck, daß das strenge und tödliche Gefahren ankündigende Wort von der Lästerung des Geistes gerade darauf abzielt, die Gegenwart und Wirksamkeit dieses Geistes im Chrisma des Christus wirklich zu erkennen und sie nicht abzuweisen oder gar aus hochmütigem Selbstbewußtsein zu verhöhnen und zu lästern. Der Spott »Was kann aus Nazaret schon Gutes kommen?« (Joh 1,46) oder die lästerliche Erklärung, Jesus treibe die Dämonen in der Vollmacht eines »höchsten Dämon« aus (Mt 9,34) *könnte* sich nur auf diesen Menschensohn, auf diesen Jesus von Nazaret erstrecken. Schmäht sie aber nicht *in Wahrheit* bereits die Selbstbezeugung des Geistes Gottes im Wort und Werk des Christus? Würde aber *diese* Konsequenz enthalten sein, dann stünde *alles* auf dem Spiel. So bleibt die Frage bestehen: Werden die – in Wahrheit den *Geist* treffenden – drohenden Folgen der Verwerfung des Menschensohnes angezeigt? Wird in der doch rätselhaften Unterscheidung ein letzter

Alarm geschlagen hinsichtlich der Implikationen und Konsequenzen höhnischer Abweisung des Christus?
Im Alten Testament und im Judentum wird unterschieden zwischen einer (mehr oder weniger unbewußten) Schuld und einer »Sünde mit erhobener Hand«, d.h. einer wissentlichen und willentlichen Abwendung von Gott und seinen Geboten. Diese Unterscheidung aber wird *nicht* etwa aufgenommen im Jesus-Wort von den beiden Weisen der Lästerung; sie wird überwunden und vertieft durch den geheimnisvollen Hinweis auf den inneren Zusammenhang beider Lästerungen angesichts der Worte und Werke Jesu, die in der Kraft des Geistes geschehen. So zeigt der Spruch von der unvergebbaren Sünde die *letzte Krisis* auf, die in der Begegnung mit Jesus von Nazaret eingetreten ist. Darum treibt dieser Spruch auch nicht ins starre Entsetzen, sondern in die *Umkehr.* Er leitet immer wieder dazu an, das Geheimnis des Christus glaubend zu erkennen und die Kraft des Geistes, die aus allem, was er redet und tut, nicht zu verachten und zu verspotten. Wer in dieser Bewegung der Umkehr und des stets neuen Fragens und Suchens sich findet, der begeht die unvergebbare Sünde *nicht,* denn er sieht sich bereits den Wirkungen des Geistes ausgesetzt, die ihn nach dem Chrisma des Jesus von Nazaret fragen lassen. Er läßt sich von dem beunruhigenden Spruch nun auch tatsächlich beunruhigen. Es ist eine wahrhaft *messianische Unruhe,* in die das geheimnisvolle Jesus-Wort versetzt. Jede Gelassenheit des Unterscheidens von Sünden, aber auch jede spirituelle Panik würde die Intention des Spruchs verfehlen.

4. Der Mittler des Geistes

Haben wir von Anfang an nach der besonderen Offenbarung des Geistes und nach dem unverwechselbaren Namen des Gottes Israels gefragt, so konzentriert sich angesichts des Neuen Testaments unser Fragen und Erkennen auf Jesus von Nazaret, den Geist-Gesalbten eben dieses Gottes. Damit aber wird auf das

Bestimmteste erklärt: »Das Heil kommt von den Juden« (Joh 4,22). Der Selbsterniedrigung des heiligen Gottes geht die klar erkennbare Spur eines Weges voraus, die in die Weltgeschichte eingezeichnet ist: Gott kommt in Israel zur Welt. Wir unterstreichen erneut diese Zusammenhänge, um deutlich zu machen: Antisemitismus ist »Sünde gegen den Heiligen Geist« *(K. Barth)*. Haß und Feindschaft gegen die Juden wäre eine Verhöhnung und Lästerung der Geschichte Gottes und des Kommens seines Geistes auf dem Weg Israels.

Aber weder die Geschichte Gottes mit Israel noch das Leben und Wirken des Jesus von Nazaret sind demonstrativ-augenfällige und triumphale Vorgänge. Es gehört zur Eigenart der Selbsterniedrigung und Teilhabe am menschlichen Geschick, daß Gottes Weg ein *verborgener und leidvoller* ist. Im Unterschied zu allen »hohen Geistern« menschlichen Denkens und Strebens ist Gottes Geist ein Geist der Niedrigkeit und des Mit-Leidens an allen menschlichen Schwächen und Nöten. Dies wird an Jesus von Nazaret offenbar. Da werden keine »geistigen Ideale« entworfen, wie der selbstbewußte Mensch sie sich wünscht, um sich verwirklichen zu können. Der »ewige Geist Gottes« geht hinein ins Leiden und in den Tod. Der Hebräerbrief sagt, Christus habe sich selbst als Opfer durch den ewigen Geist Gott dargebracht, um unser Gewissen von toten Werken zu reinigen, dem lebendigen Gott zu dienen (Hebr 9,14). Mit der Hingabe seines Lebens schafft der Gekreuzigte die Voraussetzung zur Mitteilung seines Geistes an alle, für die er gestorben ist. Sein Leib zerbricht wie ein Gefäß, damit sein Geist zu allen gelangt, ihr Gewissen reinigt und sie zu einem neuen Leben und Dienst vor Gott befähigt. Gottes Geben und Austeilen seines Geistes ist leiblich und konkret. Es geschieht in der Tiefe unseres Todesschicksals und in der Solidarität mit unserer Zerbrechlichkeit.

Aus den Korinther-Briefen kann man ersehen, wie groß der Irrtum einer christlichen Gemeinde im Reden und Denken von Gottes Geist sein kann. Philosophischen und weltanschaulichen Vorbildern der Umwelt folgend suchen auch Christen den »göttlichen Geist« *in der Höhe*. Enthusiastisch, das leibliche und seelische Ich verlassend und übersteigend, streben sie in die Höhe des Geistigen empor und verlangen nach spirituellen Erlebnissen. Der Apostel Paulus stellt diesen »aufsteigenden Tendenzen« den Abstieg Gottes entgegen: Das »Wort vom Kreuz« (1 Kor 1,18). Nicht auf den Höhen der Menschheit ist der Geist Gottes zu finden, sondern *in der dunklen Todestiefe,* in die er herabgekommen ist. Diese Todestiefe enthüllt die Wahrheit über den Menschen. Nirgendwo anders als in den untersten Sphären der Gottverlassenheit und Verzweiflung wird Gottes Geist mitgeteilt. So verkündigt es das »Wort vom Kreuz«. Gott geht vorbei an allem Hochgeistigen und Stolzen, wenn er in die Tiefe herabkommt. Er wendet sich den Schwachen und Verachteten zu. *Geist und Kreuz gehören zusammen.* Gottes Geist steht im Zeichen des Kreuzes. Damit werden alle anderen »geistigen Wege« des Menschen von der unbegreiflichen Liebe und Barmherzigkeit im wahrsten Sinn des Wortes »durchkreuzt«. Allerdings wird niemandem das Recht verliehen, angesichts dieser Umwertung aller Werte die »Weisheit dieser Welt« geringzuschätzen und zu verachten. Denn nicht die Weisheit als solche wird verurteilt, sondern der *Hochmut* des zur geistigen Höhe auffahrenden Menschen. Wer die »Weisheit dieser Welt« verächtlich abweisen würde, der hätte sich in einem frommen Überlegenheitsbewußtsein und Ressentiment seinerseits eine Position des Hochmuts geschaffen. Niemand hat dies so klar gesehen wie *Goethe*. Die *Wahrheit* des Geistes aber weist stets in die Tiefe. Der zerbrochene Leib des Christus, die Hingabe seines Lebens, bedeutet Gabe und Austeilung des Geistes Gottes.

Dies alles wird durch die *Auferstehung Jesu Christi* bestätigt und besiegelt. Zu Ostern kommt es ans Licht, daß Jesus als der Christus alles, was ihm der Vater anvertraut hat, Leben und Geist, nicht für sich selbst gehabt hat, sondern *nur für uns*. Da wird die Fülle der Gaben ausgeschüttet: Der Geist des unzerbrechlichen Lebens und der Freiheit. Da bricht die Quelle auf, aus der alle Welt lebt. Da stößt der dunkle Tunnel des Todes ins Licht heraus. Die *Herrlichkeit* des Christus wird offenbar. Wer der arme, ohnmächtige, gekreuzigte Jesus von Nazaret wirklich ist, das kommt an den Tag. Die apostolischen Zeugen rufen aus: »Wir sahen seine Herrlichkeit!« (Joh 1,14). Aber auch die Auferstehung ist kein Ereignis zum Anschauen und enthusiastischen Feiern, sondern das einmalige und einzigartige Geschehen: »Von seiner Fülle haben wir alle empfangen Gnade um Gnade« (Joh 1,16). Der Christus, der den Geist Gottes ohne Maß, in unbegrenzter Fülle, empfangen hat, teilt dies alles mit; er teilt es aus. Er wird zum Mittler des Geistes für alle Menschen. Aus seinem Chrisma leben die Christen. Was sie empfangen, erhalten sie aus unverdienter Gnade, aus Gottes schöpferischer Freiheit, die Ostern aufleuchtet. Damit ist ein Thema gegeben, das unauslotbar erscheint: *Christus und die Christen,* in der Austeilung und Gabe des Jesus-Chrisma miteinander verbunden. Die »ganze Fülle der Gottheit«, die in Jesus leibhaftig wohnt (Kol 2,9), strömt über; von ihr und aus ihr leben alle Christen. Das »Urdatum« heißt: Auferstehung.

Das Johannes-Evangelium berichtet und bezeugt die Begegnung der Jünger mit dem auferstandenen Herrn. »Da sprach Jesus zu ihnen: Friede sei mit euch! Wie mich der Vater gesandt hat, so sende ich euch. Und nachdem er dies gesagt hatte, blies er sie an und spricht zu ihnen: Nehmt hin den Heiligen Geist! Welchen ihr die Sünden erlaßt, denen sind sie erlassen; und welchen ihr sie behaltet, denen sind sie behalten« (Joh 20,21–23). Im Mittelpunkt dieser Szene steht die Anhauchung der Jünger durch den Auferstandenen, die Mitteilung des Heiligen Geistes. Bemerkenswert ist die Tatsache, daß dieses Ereignis jene Vorstellung aus der Schöpfungsgeschichte aufnimmt und widerspiegelt, derzufolge der Schöpfer dem ersterschaffenen Menschen den Lebensatem einhaucht. So ist es denn auch ein *schöpferischer* Akt, den der Auferstandene vollzieht. Genauer: Es geschieht Neuschöpfung, Mitteilung unzerstörbaren, ewigen Lebens durch den Atem der Auferstehung. Entsprechend muß konkreter und bestimmter erklärt werden: *Der Heilige Geist ist der Atem des auferstandenen Christus.* Im Zeichen des Friedens, der aus Gottes Welt herabkommt, wird dieser Geist mitgeteilt. Doch dieser Geist ist kein religiöser Besitz, sondern Ermächtigung und

Antrieb zur Sendung und zum Dienst der Apostel. Es ist kein ruhender, sondern ein tätiger, das Leben einsetzender Geist, der da empfangen wird.

Der eigentliche Auftrag, der in der Kraft des Geistes auszurichten ist, heißt: Vergebung der Sünden, bzw. erklärte Nicht-Vergebung. Im zitierten Texte wird deutlich, daß jede vergebene Zusage ein schöpferischer Akt ist. Aber es wird auch klar erkennbar und entspricht dem inneren Gewicht jedes Ereignisses des Freispruchs, daß Vergebung keine Schleuderware sein kann, die zu billigsten Preisen an jedermann ausgeworfen wird. Die unbeschreibliche Kostbarkeit dieser Gnade wird durch die Gabe und Kraft des Geistes gewahrt und bewährt. Somit ist der Heilige Geist nichts anderes als die Gegenwart und Aktion des Auferstandenen selber, sein eigener verlängerter Arm, er selbst in der Macht seines den Tod überwindenden Lebens und fortwirkenden Handelns.

Die Entsprechung zwischen der ersten schöpferischen Tat Gottes, die das Alte Testament schildert, und der Neuschöpfung durch den Geist wird in 1 Kor 15,45 besonders deutlich herausgestellt: »Der erste Mensch, Adam, wurde zu einem lebendigen Wesen (Gen 2,7), und der letzte Adam zum Geist, der lebendig macht.« Zum Verständnis dieses Verses vorauszusetzen ist die vom Apostel Paulus nicht nur in 1 Kor 15, sondern auch in Röm 5,12ff. entworfene Gegenüberstellung (und Entsprechung) von erstem und zweitem Adam. Der ersterschaffene Mensch wurde durch die Anhauchung des schöpferischen Lebensatems Gottes zu einem »lebendigen Wesen«; der neue, letzte Adam, zum »Geist, der lebendig macht«. Deutlich spricht der Apostel auch hier von dem Geist-Chrisma des Christus, durch das nun die gesamte Menschheit verändert und erneuert wird. Im Kontext 1 Kor 15 ist von der Überwindung des »letzten Feindes«, des Todes, von der Totenauferweckung, die Rede. Damit leuchtet die Hoffnung aller Menschen auf. Sie hat ihren Grund und Anhalt allein im »letzten Adam« und in der neuschaffenden Macht seines Geistes. Gottes Geist, in Jesus Christus manifestiert, wirkt Überwindung des Todes und Neuschöpfung des

Geschöpfes, jenes »lebendigen Wesens«, das doch sterben muß. Und diese Neuschöpfung – das verkündigt 1 Kor 15 in großer Klarheit – ereignet sich nicht in spirituellen Sphären, in einer Welt unsterblicher Seelen oder Geister, sondern am *Leib* des Menschen, den Gott geschaffen und dem er mit der schöpferischen Belebung eine Ahnung des Letzten mitgegeben hat. Darum kann die Neuschöpfung auch nicht – wie die erste Schöpfung – als »Schöpfung aus dem Nichts« bezeichnet werden, sondern nur als eine *schöpferische Verwandlung,* in der der Schöpfer seinem Geschöpf auch durch den Tod hindurch treu bleibt.

Wurde in allem, was bisher ausgeführt werden konnte, der innere Zusammenhang zwischen Altem und Neuem Testament beharrlich aufgezeigt, so wird nach dem – in der christlichen Kirche oft reflektierten – *Verhältnis von Verheißung und Erfüllung* in einer grundlegenden Besinnung zu fragen sein. Diese Frage ist für alles, was die Rede vom »Geist Gottes« betrifft, von fundamentaler Bedeutung. Denn das Alte Testament weist über sich hinaus. Auch das Judentum blickt aus nach der messianischen Vollendung und dem Anbruch der zukünftigen Welt Gottes. Damit wird die Frage verschärft: In welchem Sinn kann von einer »Erfüllung« angesichts des Neuen Testaments und seiner Botschaft gesprochen werden? Schauen denn nicht auch die Zeugen des Neuen Testaments nach dem Letzten, nach der Vollendung der Welt aus? Gewiß wäre es nicht unproblematisch, wenn erklärt würde, das Neue Testament enthalte – in seiner Beziehung auf die alttestamentliche Verheißung – »etwas Uneingelöstes«. *Was* hat denn das Neue Testament »eingelöst«, und wie soll das »Etwas« bezeichnet werden, das *nicht* eingelöst wurde?

Eigenartigerweise spricht das Neue Testament nie von einer *Erfüllung* alttestamentlicher Verheißungen, allenfalls von einer »Erfüllung der Schrift(en)«, womit sich sogleich das Problem »Schrift und Geist« stellt, auf das später einzugehen ist. Vielmehr ist von einer »Bestätigung« oder »Befestigung« der den Vätern gegebenen Verheißungen die Rede (Röm 15,8; 2 Petr

1,19). Die Erfüllung aber – im Vollsinn des Begriffs – steht noch aus. Denn »wir leben im Glauben und nicht im Schauen« (2 Kor 5,7). Im Neuen Testament geschieht *Antizipation des Zukünftigen und Letzten* im schwachen Wort des Jesus von Nazaret und im Zeichen der Verborgenheit des Kreuzes. Der ewige Gott hat sich wirklich solidarisiert und identifiziert mit dem menschlichen Todesleid. Und nur der Geist Gottes ist es, der auf das Zukünftige und Letzte hin, und darum auch vom Zukünftigen und Letzten her Gottes befreiende Gegenwart bezeugt. – Es ist ein beklagenswerter Jammer, daß die christliche Kirche seit alter Zeit in einen Erfüllungstriumphalismus ausgebrochen ist. Sie hat sich damit vom Judentum scharf und schroff abheben und die jüdische Messias-Erwartung als absurd erweisen wollen. Daß die Kirche an die Stelle Israels getreten ist und die Synagoge enterbt hat, galt als Normaldogma einer Erfüllungstheologie, die das Kreuz in ein glorioses Siegeszeichen und den Glauben ins Schauen verwandelte.

Doch Israel in der Gestalt des Judentums ist und bleibt der lebendige Zeuge dafür, daß der Weg Gottes zu den Völkern *noch nicht* zum Ziel der Weltvollendung gelangt ist. Mehr noch: Die Juden sind und bleiben in der Welt der Völker das geliebte und erwählte Volk Gottes (Röm 11,28f.) – *einziger Gottesbeweis,* geführt nicht im Denken oder in natürlichen Schlußfolgerungen, sondern in der Realität seiner *geschichtlichen Existenz und Erwartung*. In dem Maß, wie die christliche Kirche einem absoluten Erfüllungspathos erlegen war, hat sie die Juden und damit das Hoffnungsziel der Schöpfung aus dem Auge verloren. Da trägt es dann gar nichts aus, wenn – wie es oft geschehen ist – erklärt wird, das Zukünftige und Letzte sei »im Geist« schon gegenwärtig. Denn es ist der platonische, nicht der biblische Geist, der sich darin zu Wort meldet, auch wenn hier nicht die Relation Urbild-Abbild, sondern das Verhältnis von Ziel-Bild und (geistigem) Vor-Bild, walten könnte. In Wahrheit aber ist dies nicht der Fall, denn wenn die Hoffnung auf das Zukünftige und Letzte der auf dem Fluchtpunkt der Weltgeschichte erfüllten Weltvollendung schwindet, rückt »das Letzte« in die Vertikale überweltlicher

Jenseitigkeit, die sich – wie in aller Mythologie – abbildlich auf Erden, an heiliger Stätte, im Kult, im Ritus und vor allem »im Geist« spiegelt. Damit aber ist die biblische Erfüllung preisgegeben und in ein religiöses Spektakel verwandelt worden.

III. Glauben: Auferstehung von den Toten

1. Das Christus-Bekenntnis

Wie reagieren und antworten Menschen auf das Wort und Werk des Jesus von Nazaret? Was das Neue Testament in dieser Hinsicht berichtet, dürfte – über Zeit und Raum hinaus – typisch sein für jedes Sich-Äußern zu dem von den Evangelien bezeugten Geschehen. »Er ist ein großer, überragender Lehrer«, sagen die einen. »Aus ihm spricht und wirkt etwas Dämonisches«, deuten dic anderen. In bekannte Kategorien wird das Überwältigende seines Auftretens aufgenommen. – Doch da liegt die Bibel Israels, das Alte Testament, vor. Sie vor allem enthält Möglichkeiten der Deutung und des Verstehens. »Er ist ein Prophet«, meinen die Bibelkenner. »Er kann nur mit einem der größten Gottesmänner Israels, mit Elia, verglichen werden«, lauten kühnere Auskünfte. Doch ihn als den angekündigten *Messias der letzten Tage* zu erkennen und zu bekennen, das wäre allzu gewagt. Ein heimatlos umherziehender Mann aus Nazaret, ohne Macht und Einfluß, ein argwöhnisch umlauerter und bedrängter Lehrer und Wundertäter, ohne Glanz und Gloria, – wie sollte und könnte er der »Gesalbte des Herrn«, der Messias Gottes sein? Wo auch nur die Spur einer solchen Möglichkeit auftaucht, wird der Skandal als unerträglich empfunden. »Sie ärgerten sich an ihm«, heißt es oft. Ihn, ausgerechnet ihn, als den von Gottes Geist erfüllten und ermächtigten »Christus« zu erkennen und zu benennen, das erschien als unmöglich. Zudem hatte Jesus selbst alles getan, um das Geheimnis seiner Sendung zu verhüllen und zu verbergen. Wer also könnte an ihn glauben? Wie ist Glaube an Jesus als den Christus möglich?

Aus den Evangelien ragt das *Messias-Bekenntnis* des Petrus heraus. Wieder wurde eifrig diskutiert, wer dieser Jesus denn sei. Da war von Johannes dem Täufer, Elia, Jeremia und einem der Propheten die Rede. Diskussionen, die endlos hätten fortgesetzt werden können, und die in der bald zweitausendjährigen Nachgeschichte des Ereignisses nicht abgerissen sind. Doch Petrus erkennt und bekennt: »Du bist der Christus, des lebendigen Gottes Sohn!« (Mt 16,16). Und d.h.: »Du bist der Messias, der Geist-Gesalbte Gottes!« Das Johannes-Evangelium überliefert die Version: »Herr, wohin sollen wir denn gehen? Du hast Worte ewigen Lebens; und wir haben geglaubt und erkannt, daß du bist der Christus, der Heilige Gottes!« (Joh 6,68f.). Wir haben vor uns das Messias-Bekenntnis, das *aus Glauben und Erkennen hervorgegangen* ist. Aber wie gelangt ein Mensch zu solchem Glauben und Erkennen? Gewiß, da sind Beobachtung und Erkenntnisvermögen geschärft durch die alttestamentlichen Verheißungen und Erwartungen. Aber daß er, Jesus von Nazaret, der Erwartete ist, das ergibt sich doch nicht aus Kombinationen der Wahrnehmung und des Denkens oder gar des Fühlens!
Nach dem Bericht des Matthäus-Evangeliums hat Jesus selbst den *Ursprung* dieses kühnen Glaubens und Erkennens aufgedeckt: »Fleisch und Blut hat dir dies nicht offenbart, sondern mein Vater im Himmel« (16,17). Damit ist deutlich jede Möglichkeit abgewiesen, daß der Glaube an Jesus als den Christus aus menschlichem Vermögen erwachsen oder spontan aufbrechen könnte. Es war und ist Gott selbst, der das Messias-Geheimnis enthüllt und Glauben und Erkennen wirkt. Er tat und tut es durch die Kraft des Heiligen Geistes. So muß also der Geist, der in Jesus wohnt, auch sein Gegenüber, den sterblichen, zu göttlicher Erkenntnis unfähigen Menschen, ergreifen, damit er bis in die Tiefen seines Wahrnehmungsvermögens hinein erleuchtet wird. »In deinem Licht sehen wir das Licht!« (Ps 36,10). Nur der Vater kann den Sohn offenbaren – in der Kraft des Heiligen Geistes. Das ist das trinitarische Geheimnis und Wunder der Erkenntnis des Glaubens. Es entspricht der Selbstmitteilung Gottes, seiner Erniedrigung und seinem Herabkommen bis hinab in die Tiefen

des menschlichen Herzens. Und es entspricht der *schöpferischen* Erneuerung, die in dem allen geschieht.

Bestätigt werden diese inneren Zusammenhänge durch 1 Kor 12,3: »Niemand kann Jesus einen Herrn [Kyrios] nennen, es geschehe denn durch den Heiligen Geist!« Nur der Geist öffnet die Pforten der Erkenntnis und schenkt dem Menschen, was er nie in sich selbst und aus sich selbst zu erzeugen vermöchte: den *Glauben,* daß Jesus der Christus und der Herr ist. Die ganze Christenheit kann einstimmen, wenn *Luther* in seinem Katechismus bekennt: »Ich glaube, daß ich nicht aus eigener Vernunft noch Kraft an Jesus Christus, meinen Herrn, glauben oder zu ihm kommen kann; sondern der Heilige Geist hat mich durch das Evangelium berufen, mit seinen Gaben erleuchtet, im rechten Glauben geheiligt und erhalten; gleichwie er die ganze Christenheit auf Erden beruft, sammelt, erleuchtet, heiligt und bei Jesus Christus im rechten einigen Glauben erhält . . .« – Oft und viel wurde und wird angesichts der im Neuen Testament bezeugten geschichtlichen Ereignisse das Problem der Vergegenwärtigung und Aneignung diskutiert. Wie kann ein *damals* geschehenes Ereignis *heute* wirksam sein? Liegt nicht, wie *Lessing* sagte, ein »garstiger breiter Graben« zwischen dem Damals und dem Heute? Ist nicht alles, was in der Geschichte geschah, etwas unwiderruflich Vergangenes und darum auch Erledigtes? *Kierkegaard* antwortete, jeder Mensch sei fraglos nur mit denjenigen Ereignissen gleichzeitig, die er erlebe. Aber, so fährt er fort, er sei *gleichzeitig* auch und vor allem mit dem *einen* Ereignis, in dem Gott Mensch wurde und die Ewigkeit in die Zeit einging. Das Ereignis dieser *Gleichzeitigkeit* ist das Werk und Wunder des Heiligen Geistes. Keine Macht dieser Welt kann diese Gleichzeitigkeit und Gegenwart des Christus produzieren.

Der Glaube bekennt. Was er erkannt hat, spricht er aus, teilt er öffentlich mit. Damit werden andere nicht nur aufmerksam gemacht, sondern hineingerufen in das messianische Geheimnis, an dem sich das Schicksal jedes Menschen und der Welt entscheidet. Jesus sagt: »Wer mich bekennt vor den Menschen, den werde ich bekennen vor meinem himmlischen Vater. Wer mich aber verleugnet vor den Menschen, den werde ich auch verleugnen vor meinem himmlischen Vater« (Mt 10,32). Was auf Erden geschieht im Ja oder Nein zu Jesus Christus, hat *ewige Auswirkungen*. Denn nicht nur der Weg des einzelnen, sondern der Weg aller Menschen führt zum Ziel, daß »alle Zungen bekennen werden, daß Jesus Christus der Herr ist, – zur Ehre Gottes, des Vaters« (Phil 2,11).

Immer wieder spitzt sich alles zu, wenn nach der Gabe des Heiligen Geistes gefragt wird. Denn wenn es sich so verhält, daß nur durch den Geist Gottes Glauben und Erkennen ermöglicht und geweckt werden, *wie empfange ich diesen Geist?* Wie kommt er zu mir? Die entscheidende Antwort enthält das Jesus-Wort: »Wenn ihr, die ihr doch böse seid, euren Kindern gute Gaben geben könntet, wieviel mehr wird der Vater im Himmel den Heiligen Geist denen geben, die ihn darum bitten« (Lk 11,13). Darum: »Bittet, so wird euch gegeben!« (Lk 11,9). Jede Bitte um Gottes Geist steht unter einer unverbrüchlichen Zusage. Darauf können wir uns unbedingt verlassen. »Allein schon das Verlangen nach geistiger Erleuchtung ist – geistige Erneuerung« *(Dostojewskij)*.

Aber nun ist das Christus-Bekenntnis sehr schnell einer großen Gefahr ausgesetzt. Wird der *ganze* Mensch durch dieses Bekenntnis ein wahrer Christ, ein wirklich zu Christus gehöriger; erkennbar als einer, der ihm nachfolgt? Oder wird das Christus-Bekenntnis zur religiösen Routine? Ist es nur noch ein feierliches Wort der Liturgie und eines christlichen Image? Schon das Alte Testament entdeckt: Diese Menschen nahen sich Gott mit ihrem Mund, aber ihr Herz ist fern von ihm (Jes 29,13). Und in der Bergpredigt ruft Jesus aus: »Es werden nicht alle, die zu mir sagen ›Herr! Herr!‹ in das Reich der Himmel kommen, sondern nur wer den Willen meines Vaters im Himmel tut!« (Mt 7,21). Der Kontext der Bergpredigt zeigt, was es heißt, den Willen Gottes zu tun: »Ihr sollt vollkommen sein, wie euer Vater im Himmel vollkommen ist!« (5,48). Das Bekenntnis zu Jesus als dem Christus hat sofort ein *christusgemäßes Tun* zur Folge. Und dieses Tun erstreckt sich nicht nur auf den Nahbereich der

Allernächsten, sondern wendet sich, der Sendung des Christus entsprechend, aller Welt und allen Völkern zu. »Lehret alle Völker!« (Mt 28,19). Der Lehr*inhalt* ist, wie *G. Bornkamm* gezeigt hat, die Bergpredigt, in der ja auch der Satz steht: »Ihr seid das *Licht der Welt*!« (5,14). Die Konsequenzen in unserer Zeit sind unabweisbar. Das Christus-Bekenntnis kann nicht mehr anders ausgesprochen werden als im aktiven, politisch-sozialen Bezug auf das Leben der Menschen. »Glaubensbekenntnisse, die nicht irdische, diesseitige Veränderungen tief in die Gesellschaft hinein zur Folge haben, sind Privatvergnügen ...« *(H. Gollwitzer)*. So werden wir die Bedeutung und Geistes-Kraft unseres Bekenntnisses heute nur verdeutlichen und bewähren können, wenn eingedrungen wird in das Dunkel der weltgeschichtlichen Stunde – mit der Botschaft und Tat der Liebe, der Gerechtigkeit und des Friedens. Die befreiende Gegenwart Gottes in seinem Geist will weder in der frommen Seele noch im Getto der Kirche aufgehalten und abgekapselt werden. »An ihren Früchten sollt ihr sie erkennen« (7,20).

Jedes Christus-Bekenntnis, das keine praktischen Lebensfolgen hervorruft, steht in der Gefahr, als »Sünde gegen den Geist« zu einer fruchtlosen und sinnleeren religiösen Geste zu werden.

Denn niemand kann den Menschensohn-Messias erkennen und bekennen, der nicht sogleich von der Macht seines Geistes ergriffen wäre. Dieser Geist läßt sich nicht zu einem spirituellen Erkenntnisprinzip erniedrigen, das sich ausschließlich auf religiös-intellektuelle Impulse erstreckt. Dieser Geist ist die Macht eines *neuen Lebens aus Gott*, das in Jesus als dem Christus erschienen ist und uns zu wahren Christen, d.h. Boten und Zeugen des Christus, erneuert. Nach dem ursprünglichen Wortsinn sind »Christen« Geist-Gesalbte, die aus der Geist-Fülle des Christus leben. Wo immer das Christus-Bekenntnis zu einem bloßen Lippenbekenntnis entleert wird, da bekommt auch das Wort »Christ« nur noch eine nominelle Funktion – inhaltslos und ohne zeichenhafte, bezeugende Kraft. »Ihr seid das Salz der Erde. Wenn aber das Salz dumm wird, wie soll man seinen Salzgehalt erneuern? Es ist zu nichts anderem nütze, als daß man es wegschüttet und die Leute zertreten läßt« (Mt 5,13). So verheißungsvoll, aber auch so ernst steht es um jeden, der Jesus als dem Christus begegnet!

2. Schrift und Geist

Die Bibel liegt vor uns: Buchstabe und Schrift. Wie können die schriftlichen Hinterlassenschaften Israels und des Urchristentums *reden?* Wie können sie als lebendige Ansprache dem Leser entgegentreten? Sind nicht Schrift und Buchstabe Inbegriff des Starren und »Festgeschriebenen«, Dokumente vergangenen Geschehens? Die Frage nach *Leben und Gegenwart* der in der Bibel aufbewahrten Kunde tritt drängend hervor. Damit wird das Thema »Schrift und Geist« akut. Es ist ein uraltes Thema, das schon im Alten Testament aufgebrochen ist, insbesondere im Verhältnis der Propheten zur Tora (Gesetz; Weisung), aber auch in jeder Suche nach dem Leben des Geschriebenen, so vor allem im Ps 119. Im Neuen Testament hat der Apostel Paulus in 2 Kor 3 das Problem in seinem Kern angefaßt und damit ein Fragen ausgelöst, das von *Augustinus* (De spiritu et littera) und *Luther* aufgenommen wurde. Bis in die Gegenwart hinein ist dieses Problem – mit allen weitreichenden Implikationen – aktuell.
Geht man vom Alten Testament aus, und dies tut auch Paulus, so sind »Schrift« und »Buchstabe« bzw. Tora identisch. Die übliche Übersetzung (Tora = Gesetz) sollte aber grundsätzlich gemieden werden, weil der Wortsinn des hebräischen Begriffs mit *»Weisung«* wiederzugeben ist *(M. Buber).* Die Tora enthält die Summe aller Gebote und Willensäußerungen des Gottes Israels. Sie ist »in Stein gemeißelt«, wie im Blick auf die Tafeln der Gebote von Paulus in 2 Kor 3,7 erklärt wird. Mose war der Mittler der Tora. Der Herrlichkeitsglanz des heiligen Gottes, so bezeugt es das Alte Testament, liegt auf den Tafeln und spiegelt sich im Gesicht des Mittlers. Die Würde der Tora und die Heiligkeit der »Schrift« werden deutlich apostrophiert. Der

»Buchstabe des Gesetzes« ist nichts Geringes, Minderwertiges und darum abschätzig zu Behandelndes. »Die Weisung ist heilig und das Gebot ist heilig, gerecht und gut« (Röm 7,12). Sie enthält, so sagt Paulus, die Kraft, den Menschen seiner Schuld zu überführen und ihm – wie in einem unbeweglichen Spiegel – sein wahres Gesicht zu zeigen. Mehr noch: Die Tora überführt und verurteilt den Menschen. Darin erweist sie ihre tödliche Vollzugskraft. Schon im Alten Bund ist demnach die »Schrift« nicht wirkungsloser Buchstabe, sondern heiliges Wort, in dem Gott seine Gottheit an denen erweist, die lesen und hören. Aber dieser Anfang zielt ab auf die letzte und endgültige Gegenwart und Wirksamkeit Gottes im Geist des Lebens, der von Jesus Christus ausgeht. Verglichen und konfrontiert mit diesem Geist erscheint die gesamte Tora, und man kann auch sagen: das ganze Alte Testament, als etwas Verhülltes, noch nicht ans Licht Gebrachtes. Ja, als etwas Starres und Totes. Und ausdrücklich wird noch einmal zu betonen sein: im *Vergleich* und in der *Konfrontation* mit dem im Neuen Bund manifest gewordenen Geist wird in dieser Weise geurteilt. So heißt der schwer faßliche Spitzensatz denn auch: »Der Buchstabe tötet, der Geist dagegen macht lebendig« (2 Kor 3,6). Stellt Paulus mit dieser Aussage Altes und Neues Testament – konträr und dualistisch – gegeneinander? Viele Theologen haben diese Folgerung gezogen und mit den Bezeichnungen »Judentum« und »Christentum« zwei selbständige, einander ausschließende und gegeneinander gerichtete Totalitäten benannt. Damit aber wurde übersehen und vergessen, daß die Tora als »Schrift« und »Buchstabe« ausdrücklich »heilig, gerecht und gut« genannt wurde, ein von Herrlichkeit umgebenes Dokument. Es müssen darum bestimmte *Wirkungen* der Tora sein, an die Paulus denkt, und die ja auch in der alttestamentlichen Prophetie erkennbar sind: Anklage, Verurteilung, Gericht. Diesen Todeswirkungen werden in 2 Kor 3 die endzeitlichen Lebenskräfte des Geistes gegenübergestellt – jenes Geistes, der, wie wir sahen, doch auch schon im Alten Testament am Werk war. In diesen apostolischen Gegenüberstellungen bekommen die Begriffe »Schrift« und »Geist« eine unausschöpfliche Tiefe.

»Schrift« wird zum Inbegriff des Starren und Toten, des Gestrigen und nur in der Niederschrift Aufbewahrten. Die Bibel in ihrer Buchstabengestalt vermag kein Leben und also auch keinen Glauben zu erwecken. Sie ist der verschlossene Niederschlag dessen, was einmal geschehen ist. Und dies gilt nun auch vom Neuen Testament, sofern es als »Schrift« vorliegt und in »Buchstaben« uns entgegentritt. Buchstaben reden nicht. Es findet immer schon eine eigenartige Belebung statt, wenn behauptet wird, ein Buch *rede*. Von wem geht diese Belebung aus? Vom Autor oder vom Leser? Würden wir sagen: Vom *Geist* des Buches, dann könnte dieses Wort »Geist« einen merkwürdigen Belebungseffekt andeuten. Aber nun spricht das Neue Testament vom Geist Gottes, vom Heiligen Geist als der Kraft, aus der heraus die biblische Botscaft – Alten *und* Neuen Testaments – wirklich zu sprechen beginnt und sich als lebendige und lebenschaffende Macht erweist.

Damit stellt sich die Frage ein: Ist die »Schrift« *inspiriert,* sind die Buchstaben der Bibel bis ins i-Tüpfelchen hinein vom Geist Gottes geschrieben und geprägt? Bibel-Orthodoxie hat dies zu allen Zeiten behauptet und damit die Bibel in ein »heiliges Buch« und das Christentum in eine »Buch-Religion« verwandelt. Aber dies alles sind magische Prozesse, die sowohl die *Menschlichkeit* der biblischen Boten und Schriftsteller wie auch die Macht und Freiheit des Geistes *Gottes* durch plumpe Ineinssetzungen zerstören. In einer bemerkenswerten Attacke gegen das orthodoxe Inspirationsverständnis, das ja doch, aus Unsicherheit geboren, blanke Sicherheiten des Umgangs mit der Bibel sucht, hat *Johann Georg Hamann* ironisch gefragt: »Soll denn der Geist nichts als Kammerdiener des toten oder wohl gar ein bloßer Waffenträger des tötenden Buchstabens sein?« Das orthodoxe Bibelverständnis sieht – bleibt man einmal beim Bild Hamanns – den Geist stets wie einen Butler unmittelbar im Hauseingang der »Schrift« stehen. Auch ohne ihn zu befragen, weist er den Weg. Das aber, so Hamann, ist eine Verstellung und Verzerrung der Wahrheit. Denn man müßte schon »gen Himmel« fahren, um die Schlüssel zur Erkenntnis des »Buchstabens« zu empfangen.

Damit wird deutlich erklärt: Der Geist ist dem Buchstaben »himmelhoch überlegen«, er ist nicht in die »Schrift« eingesargt. Gottes Geist wirkt »aus der Höhe«. Er ist Gottes freie und befreiende Macht; er weht wie ein Sturm, wann er will. Niemand kann ihn bannen, auch und vor allem keine fromme, im tiefsten Wesen unsichere und sicherheitsbedürftige Bibel-Theorie. Für Hamann ist der Geist eine auferweckende Macht, die den toten Buchstaben, mit dem Gott sich zu sterblichen Menschen herabgeneigt hat, zum Leben, und d.h. zu einer *lebendigen Anrede* (viva vox) erweckt – wann, wo und wie es ihm gefällt. Von diesem Ereignis lebt die Kirche, lebt der Glaube; und nicht etwa aus der Kraft der Meditation, der frommen Intensität des Bibel-Lesens oder gar der Gewissenhaftigkeit wissenschaftlicher Exegese. Wo der Geist Gottes nicht gegenwärtig ist, da versinkt der Umgang mit der Bibel in vom religiösen Menschen ausgehende »Belebungen« und sog. »Vergegenwärtigungen«, die bestenfalls eine *Erinnerung* an die Anrede des Geistes aus der Schrift enthalten (und als solche oft mit großem Eifer konserviert werden), die Geistes-Gegenwart aber nur zu suggerieren vermögen. Diese bedenklichen Erscheinungen sind in der Kirche weit verbreitet, auch und vor allem in Bereichen, die der Bibel am nächsten zu stehen meinen. Aber alles Konservieren geist-gewirkter Erkenntnis biblischer Botschaft, wie es in der Kirche eifrig betrieben wird, stößt an die kritische Grenze: »Der Buchstabe tötet, der Geist dagegen macht lebendig« (2 Kor 3,6). Denn dieser Satz gilt in einem kategorischen, unauflösbaren Sinn, der mit der Formel bezeichnet werden könnte: *Was heute Geist ist, wird morgen wieder zum Buchstaben.* Gottes Geist ist lebendig und frei, *heute* aus der Schrift zu sprechen und Glauben und Erkenntnis zu wirken. Aber er läßt sich nicht bannen oder beschwören, morgen zu sein, was er heute wirkt.
Man kann sich, was hier zur Rede steht, zwar drastisch, aber eindrücklich an der Erzählung vom *Manna in der Wüste* veranschaulichen. Frisch an jedem Morgen wird dem in der Wüste wandernden und hungernden Gottesvolk das »tägliche Brot« in der Gestalt des Manna gegeben. Darauf kann das Volk sich

verlassen, denn Gott ist treu und verläßt die Seinen nicht. Aber das Mißtrauen und das urmenschliche Konservierungsverlangen, mit dem man über Gaben verfügen möchte, motivieren das heimliche Unterfangen, auch über Nacht das Manna aufzubewahren. Dieser Versuch mißglückt kläglich. Manna, das aufgehoben wird, beginnt zu faulen und zu stinken (Ex 16,20). Dies ist in der Tat eine drastische Warnung. Denn je sublimer und herrlicher die Gaben Gottes sind, um so eifriger ist der Mensch bedacht, sie zu konservieren und zu ständiger Disposition parat zu haben. Was sich hier abspielt, ist *Religion* im ausgeprägtesten Sinn des Begriffs. Doch keine Religionskritik ist schärfer und folgenreicher als die des Geistes Gottes, der aus der Sucht des Haben- und Verfügenwollens *befreit* und auch und gerade die subtilen Konservierungsmethoden christlicher Theologie und Kirche in ihren urmenschlichen Tendenzen aufgedeckt. Denn was darin heute Geist ist, wird morgen wieder zum toten *Buchstaben,* den man zwar, wie alles, was man Schwarz auf Weiß besitzt, getrost nach Hause tragen kann, der aber »aus sich selbst« kein Leben zu erwecken vermag, und darum dazu verleitet, starre Sicherheiten zu suchen.

Die Rede vom je neuen, »heute« sich ereignenden Wirken des Geistes, der allein die Bibel erschließt, löst den Glauben keineswegs in lauter auseinanderfallende Momente auf. Dies wäre nicht nur ein eklatanter Affront gegen das wirkliche Leben der Kirche und die Kontinuität menschlicher Existenz vor Gott, es wäre auch und vor allem eine Leugnung der *Treue Gottes* in der Sendung seines Geistes. Da kann dann der *große Unterschied* zwischen dem urmenschlichen, in Religion sich fortsetzenden Verlangen nach Konservierung und Kontinuität auf der einen Seite, und der Treue Gottes auf der anderen Seite nicht klar und scharf genug herausgestellt werden. Kirche und Glaube leben *ausschließlich* aus dieser Treue. Darum ist jedes Konservierungsverlangen, das religiöse Stabilität garantieren und Kontinuität erwirken will, nichts als elementares Mißtrauen gegenüber der Treue des lebendigen Gottes, der seine Gaben nicht in tote Sicherheiten verwandeln läßt. Die Bibel als solche führt mit sich die Verheißung des

Geistes und also der Treue Gottes; sie verspricht, daß derselbe Geist, aus dem die Boten und Schreiber der Dokumente angetrieben und ermächtigt wurden, auch den Lesern und Hörern ihrer Botschaft in der Schrift begegnen wird. So kann jeder Eintritt in das Lesen und Hören der Schrift nur begleitet sein von der Bitte: Veni creator Spiritus; Komm, Schöpfer Geist!

Das Verhältnis des Geistes zur Schrift ist aber auch noch in einem anderen Sinn zu bestimmen und zu erklären. »Buchstaben« sind nebeneinandergesetzte und auch auseinanderfallende Zeichen. In der Welt der Buchstaben kann man sich verirren, wenn ein Wortsinn gegen den anderen steht und die nuancenreiche Betrachtungsweise in die Feststellung von unzähligen Fragmenten und disparaten Abschnitten zerfällt. Vor allem die Akribie wissenschaftlicher, philologischer Forschung, Text- und Literarkritik, bestätigt auf der ganzen Linie, wie man mit Buchstaben umgehen kann; im extremen Fall wie mit einem Puzzle-Spiel. Und je schärfer das Mikroskop der Forschung auf den einzelnen Buchstaben eingestellt wird, um so mehr entschwindet die Möglichkeit, »das Ganze« noch im Blick zu haben und den durch die Schrift bezeugten Ereigniszusammenhang zu erkennen.

Im Unterschied zum »Buchstaben« und Buchstabenkult ist es die Wirkung des Heiligen Geistes, daß in der Bibel die Realität der Offenbarung und Selbstmitteilung Gottes von einem »archimedischen Punkt« aus deutlich wird. Das biblische Geschehen zerfällt dann nicht in Notizen und Aufzeichnungen; es bekommt ein einheitliches, ganzes, zusammenstimmendes Gesicht. Nicht Wörter werden gelesen und auf ihren Sinngehalt hin gedeutet, sondern in und mit den Wörtern wird das *Wort Gottes* vernommen – die unverwechselbare Stimme. So ist das Wirken des Geistes dadurch ausgezeichnet, daß das Wort Gottes als das *eine* Wort des *einen* Gottes hörbar und erkennbar wird – in der Vielfalt der Bezeugungen und in den Nuancen der Intonierung. Daß die Bibel eine Einheit ist, bekundet der *eine* Geist in immer neuen, lebendigen Mitteilungen. Biblische Theologie, die um den Aufweis des Zusammenhangs von Altem und Neuem Testament bemüht ist, kann diesem Ereignis nur nachfolgen und nacharbeiten. Würde sie anders verfahren, dann könnte all ihr Forschen und Lehren nur in geist-lose Konstruktionen abgleiten, die sich der verschiedenartigsten Gerüste bedienen. Die Geschichte der Bibelwissenschaft ist eine einzige Dokumentation immer wieder unternommener geist-loser Konstruktionsversuche.

Es gehört zu den Grunderkenntnissen der Kirche, daß nur der Heilige Geist die Türen auftun kann, die uns verschlossen sind. Nur durch sein Wirken wird die Bibel mehr als »Buchstabe«, mehr als »Schrift«, die man gern in Gold faßt, um ihren Wert äußerlich zu kennzeichnen. Doch zweifellos kann jeder, der nur den Buchstaben kennt und liest, behaupten: Die Bibel ist ein Buch wie jedes andere auch! Wer aber diese Behauptung wiederholt, wenn er die Kraft des Geistes erfahren hat, der weicht dem *Bekenntnis* aus, zu dem *dieses* Buch herausfordert.

3. Wort und Geist

In der Kraft und Gegenwart des Geistes Gottes wird die »Schrift« zur lebendigen Anrede, zu Wort und Sprache. Von diesem Ereignis lebt die Kirche. Das heißt aber: sie lebt von der *Verkündigung der biblischen Botschaft* im jeweiligen Heute. Dieser Verkündigung ist die Verheißung gegeben, daß in der Kraft des Geistes das sprechende Ich Gottes und seines Christus in ihr vernommen wird. Jesus sagt seinen Boten zu: »Wer euch hört, der hört mich« (Lk 10.16). So liegt alles daran, daß die Verkündigung der Kirche nicht in die Routine eines Predigt-Rituals verfällt, sondern der Verheißung des Geistes vertraut.

Aber wie kann es geschehen, daß das Wort menschlicher Rede als *Anrede Gottes und seines Christus* aufgenommen, geglaubt und erkannt wird? Der Apostel Paulus dankt unaufhörlich Gott dafür, daß die Verkündigung, die in menschlicher Rede erging, von der Gemeinde nicht als Menschenwort aufgenommen wurde, sondern als das, was sie in Wahrheit ist: als Wort Gottes, das in den Hörern Glauben bewirkt (1 Thess 2,13). Darum kann der

Apostel erklären: »Die Heilsbotschaft, die wir euch verkündigt haben, ist nicht allein im Wort zu euch gekommen, sondern auch in Kraft, im Heiligen Geist und in großer Gewißheit« (1 Thess 1,5). Dies alles ist das wunderbare Ereignis der befreienden Gegenwart Gottes in seinem Wort, das erfüllt ist von dem Toten erweckenden Atem seines Geistes.

Nur mit großer *Verwunderung* kann dieses Ereignis aufgenommen werden. Denn wer in Wahrheit das Wort Gottes hört, dem widerfährt etwas grundsätzlich und definitiv in keine Vorfälle der Erfahrungswelt Einzuordnendes. Entsprechend ist Theologie nicht nur, aber sie ist notwendig auch: Logik des *Wunders,* das den Ausgangspunkt alles Denkens und Erkennens bildet. »Wollte sie sich dessen schämen, daß sie ihren Gegenstand nirgend unterzubringen vermag, wollte sie sich weigern, sich dem ihr gerade damit aufgegebenen Problem zu stellen, so müßte sie aufhören, Theologie zu sein« *(K. Barth).* Es ist für die Kirche nicht leicht, das wunderbare Ereignis der Begründung des Glaubens durch das im Menschenwort der Verkündigung sich mitteilende Wort Gottes in Dankbarkeit, Lobpreis Gottes und Verwunderung wahrzunehmen. Auch in dieser Hinsicht verschlingt die religiöse Routine das Entsetzen und die Freude. Denn Predigt als programmatisch zu erwartendes Ritual verwandelt den himmlischen Blitz der Offenbarung und Erkenntnis Gottes in einen »irdischen Dauerbrenner« *(K. Barth).* Es müßte der Christenheit eine nicht endigende Unruhe bereiten, daß der Ursprung apostolischer Verkündigung in Gewohnheit und Gestik verschüttet ist. Paulus sagt: »Meine Rede und Verkündigung bestand nicht aus imponierenden Weisheitsworten – Gottes Geist und Kraft sollten sich vielmehr selbst darin erweisen« (1 Kor 2,4). Es ist recht eigentlich die tiefe Not aller kirchlichen Predigten: Gottes lebendiger Geist ist uns verloren gegangen. Und die Ursache des Verlustes ist wohl allein darin zu suchen, daß das als vorhanden angenommene Wissen und theologische Weisheitspotential übermächtig ist. Die Macht des menschlichen Geistes erkennt nicht mehr die *abgründige Bedürftigkeit,* die der Anfang jeder vollmächtigen Verkündigung in der Kraft des Geistes Gottes wäre. Doch die Zusammenhänge sind viel verwickelter. Denn keineswegs würde der in dieser Weise betroffene Prediger die »Macht des menschlichen Geistes« zugestehen und die »abgründige Bedürftigkeit« leugnen. Es hat nämlich die religiöse Gewohnheit die Grenzen und Übergänge verschwimmen lassen. Was frommer *menschlicher* Geist, und was Geist *Gottes* ist, das kann nicht mehr klar unterschieden werden. Die ständigen Anforderungen des zu absolvierenden Predigt-Rituals haben alle Schärfen des Unterschiedes abgeschliffen. Und so wird auch die Bedürftigkeit in einem Demuts-Ritual aufgehoben. Wer von uns kann ermessen, wie durchdringend und unheimlich die Lüge religiöser Routine ist?!

Doch der Geist der Wahrheit läßt seine Kirche nicht im Nebel umherirren. Er läßt die Herrlichkeit seiner Verheißung und die freie Mitteilung aller seiner Gaben wie eine Sonne täglich neu über uns allen aufgehen. Denn nicht auf menschlicher Weisheit soll christlicher Glaube beruhen, sondern auf Gottes Kraft (1 Kor 2,5).

Lessing hat der Christenheit untilgbar die Frage aufgegeben: Wie kann denn alles das, was damals geschah, als Jesus redete und wirkte, *heute* als lebendige und gegenwärtige Wirklichkeit manifest und erkennbar werden? Wie können die Wunder, von denen berichtet wird, daß sie geschehen seien (und Lessing will gar nicht zweifeln, *daß* sie geschahen), *jetzt und unter uns* sich ereignen? Wie wird der »garstige breite Graben« überbrückt und überwunden? Lessing erwartet den »Beweis des Geistes und der Kraft« und schämt sich des frommen Geredes eines Hauptpastors Goeze, in dem ihm die Personifikation einer selbstsicheren, zutiefst verlogenen kirchlichen Repräsentation entgegentritt.

Es muß unabweisbar deutlich sein, daß jede auch nur geringste Regung und Bewegung christlichen Glaubens *allein* dem in der Verkündigung wehenden auferweckenden Atem des Geistes Gottes zu verdanken ist. Denn der Glaube kommt aus der Predigt, aus dem Hören des Wortes Gottes (Röm 10,14). Nun zeigt aber gerade der Kontext dieser bedeutsamen Klarstellung des Apostels Paulus, daß Predigt nicht einfach vorhanden ist, etwa als ein

Phänomen oder Ritual kirchlicher Praxis, sondern daß jeder Verkündigung eine *Ermächtigung und Sendung* voraufgeht: »Wie sollen sie verkündigen, ohne gesandt zu sein?« (Röm 10,15). Über diesen Begriff der *Sendung* wird neu nachzudenken sein. Das je neue, lebendige Ereignis des Gesandtwerdens der Boten Gottes kann weder durch eine einmalige Ordination noch durch die Selbstverständlichkeit kirchlichen Amtsvollzuges aufgesogen und aufgehoben werden. Das wird in der Sendung der alttestamentlichen Propheten urbildlich herausgestellt. Ebenso gilt es für den Apostel: »Ich würde nicht wagen, etwas auszusprechen, was nicht Christus durch mich gewirkt hätte« (Röm 15,18). Ist es also eine Übertreibung, wenn *Luther* in seiner Schrift »Wider Hans Worst« erklärt: »Denn ein Prediger muß nicht das Vaterunser beten noch Vergebung der Sünden suchen, wenn er gepredigt hat (wo er ein rechter Prediger ist), sondern muß mit Jeremia sagen und rühmen: Herr, du weißt es, daß, was aus meinem Mund gegangen ist, das ist recht und dir gefällig. Ja, mit S. Paulus, allen Aposteln und Propheten, trotzig sagen: Haec dixit Dominus. Das hat Gott selbst gesagt. Und ebenso: Ich bin ein Apostel und Prophet Jesu Christi gewesen in dieser Predigt . . . Denn es ist Gottes und nicht mein Wort . . . Wer solches nicht rühmen kann von seiner Predigt, der lasse das Predigen anstehen. Denn er lügt gewißlich und lästert Gott«?
Ist diese Aussage eine Übertreibung? Wird nicht vielmehr mit diesen Sätzen das übliche Predigt-Ritual von Grund auf in Frage gestellt? Und dies nicht etwa in boshafter Kritik am allgemeinen Predigt-Verständnis, sondern in verheißungsvoller Erinnerung an den *biblischen Ursprung,* an den Geist Gottes, der seine Boten und Zeugen bevollmächtigt und sendet! Ist es denn wahr, daß der Glaube aus Gott kommt, aus dem Hören seines Wortes, und also nicht aus menschlichem Vermögen, wie sollte und könnte dann ausgerechnet die Verkündigung auf menschlichem Weisheitsvermögen beruhen?! Luther verschärft seine Auffassung in dieser Sache, wenn er zu Röm 10,15 kommentiert: »So liegt die ganze Wurzel und der Ursprung des Heils darin beschlossen, daß Gott einen [Menschen] aussendet. Sendet er nicht aus, dann predigen

die falsch, die da predigen, und dieses Predigen ist so viel wie nicht Predigen.« Somit hat sich die Frage nach dem Ereignis der Anrede Gottes im menschlichen Wort zugespitzt zur Frage nach der *Sendungsgewißheit des Predigers*. Doch was hier zur Rede steht, ist nicht das »individuelle Problem« dessen, dem die Verkündigung aufgetragen ist, sondern die Sorge und das Gebet der ganzen Kirche. Kein Schritt auf dem Weg zu einer Erneuerung wird getan werden können ohne die anhaltende Bitte: Veni creator Spiritus!

Um wirklich zu begreifen, was auf dem Spiel steht, wird man sich noch einmal vergegenwärtigen müssen, daß Gottes Geist, wo immer er wirksam wird, als *Krisis alles Menschlichen,* auch und vor allem des Religiös-Menschlichen, auf den Plan tritt. Die Geburt des Neuen geht stets durch das Sterben des Alten hindurch. Es ist der Geist des Gekreuzigten und Auferstandenen, der solchermaßen tätig ist und sich nicht einfach einer »religiösen Empfangsbereitschaft« des Menschen anpaßt. Der Geist wirkt, daß jene Einheit, von der wir alle als von einer konstanten ausgehen, die Einheit von Sein und Bewußtsein, *aufgehoben* ist. Damit ist die Gleichung Ich = Ich in ihrem Kern zerbrochen. Wenn der Geist Gottes kommt, dann wird eine neue Gemeinschaft und Einheit begründet, die nicht im Menschen, sondern in Gott begründet liegt und seiner Treue zu verdanken ist. Der Geist befreit von allen Bindungen an die Tiefen menschlicher Seele, ihrer Bestrebungen und Wünsche. Er befreit vom Vernunft- und Erfahrungs-»Glauben« zur Wahrheit des Lebens vor dem lebendigen Gott.

Dies alles sind aber nicht etwa durchschaubare, berechenbare und demonstrierbare Vorgänge. Was geschieht, ereignet sich in der Verborgenheit und Unanschaulichkeit des Wirkens des Geistes Gottes. Krisen und Leiden ist jeder Schritt ausgesetzt. Denn wie jedes schöpferische Werk Gottes, welches das »Nichtseiende ins Dasein ruft« (1 Kor 1,28), ist auch das Werk des Heiligen Geistes unter das Vorzeichen des Geheimnisses und Wunders gestellt. Niemand sieht, woher das Wehen des Geistes kommt und wohin es geht (Joh 3,8). Wir leben im Glauben und nicht im Schauen (2 Kor 5,7). Und doch ist nichts stärker und mächtiger als diese »Schwachheit Gottes« (1 Kor 1,25), in der er sich wahrhaftig zu unserer Schwachheit herabgebeugt und uns ganz nahe ist mit dem schöpferischen Beistand seines Geistes. In dem allen gilt es unverbrüchlich: In seiner Liebe wartet Gott nicht darauf, daß wir für den Empfang seines Geistes bereit sind oder uns bereit machen. Sein Geist ist gerade unserer Ohnmacht gegenüber mächtig. Er selbst trägt Sorge dafür, daß wir erreicht und beschenkt werden. Gottes Geist hat die Gewalt eines Stromes, der alle aufgeworfenen Dämme der Abweisung, des Zweifels und der Ohnmacht durchbricht, um seinen schöpferischen Segen auszugießen auf erstorbenes Land.

Erfüllt der Geist Gottes das menschliche Wort der Verkündigung mit schöpferischer Kraft, dann handelt es sich nicht allein darum, daß Menschen aus dem Schlaf der Gleichgültigkeit und Sicherheit geweckt und zu neuem Fragen angestoßen werden. Vielmehr spricht das Neue Testament von einem Todesschlaf, aus dem das Geist-Wort auferweckt: »Wache auf, der du schläfst, und stehe auf von den Toten, so wird dich Christus erleuchten!« (Eph 5,14). Gottes Geist ist nicht nur eine erregende, bewegende, weckende, sondern *auferweckende,* aus dem Tod herausreißende *Macht*. Nie kann der Christenheit das Wunder dieses Geschehens zur Gewohnheit werden oder gar in Vergessenheit geraten. Glaube ist nicht ein religiöses Aufgewecktsein, eine »neue Einstellung«, sondern – wie *Tertullian* sagte – »Auferstehung von den Toten«. Es kann nicht ausbleiben, daß diese Erkenntnis nicht nur befreiende, sondern auch kritische Konsequenzen für das Leben in der Kirche in sich trägt. Befreiend ist die Einsicht, daß Christ-Sein (oder besser: Christ-Werden) ganz und gar an Christus, den Gekreuzigten und Auferstandenen, gebunden, mit ihm verbunden ist, so daß die Wirkungen seiner Auferstehung – in der Kraft des Geistes – das Leben der Seinen bestimmen und prägen. Die kritischen Konsequenzen aber erstrecken sich auf jede Art »religiöser Träume«, die insbesondere dann aus der Tiefe der menschlichen Seele aufsteigen, wenn jemand sich für einen »aufgeweckten« Menschen hält und der ihn täglich neu ergreifenden Auferweckung von den Toten nicht mehr bedarf. So ist und bleibt der Glaube von der lebendigmachenden Anrede Gottes in der Kraft seines schöpferischen Geistes abhängig, »schlechthin abhängig«. Der Glaubende betet:

> Ich hoffe auf dich, Herr,
> mein Leben hofft auf dein Wort.
> Mein Leben wartet auf den Herrn,
> sehnsüchtiger als der Wächter auf den Morgen,
> als der Wächter auf den Morgen. (Ps 130,5f.)

Denn es ist das Kennzeichen der Wirkungen des Geistes Gottes, daß ein unablässiges *Warten, Sich-Ausstrecken und Verlangen* nach dem Wort des Lebens beginnt. Und wieder unterscheidet sich dieses »Hungern und Dürsten« von jeder Sattheit des Habens und Besitzens. Christ-Sein erweist sich in der Tat und in der Wahrheit als Christ-Werden, als täglich neues Beschenktwerden mit dem Chrisma des Christus, mit seinem Geist. Mit dem »täglich neuen Beschenktwerden« wird das »christliche Leben« in seiner Kontinuität nicht zerstückelt, sondern in der Kontinuität der Treue Gottes aufgehoben. So ist jedes Warten und Bitten ein Zeichen, daß der Glaube *nicht* aus menschlicher Beständigkeit und Treue zu leben vermag. Im Warten auf Gott und sein lebendiges Wort befindet der Christ sich in tiefer Solidarität mit allen, die nicht glauben können. Darum wartet und bittet er auch für sie alle, denn das Wort Gottes ist der Kirche nicht in Erbpacht verliehen, sondern zur Verkündigung an alle Menschen anvertraut.

4. Was heißt: Ich glaube?

Über diese Frage werden Christen unablässig Rechenschaft ablegen müssen – nicht zum Zweck der Selbstbestätigung, die in eine unterminierende Reflexion ausarten könnte, sondern in der Hinwendung zum Grund und zum wahren Leben des Glaubens. Und dies alles im Kontext der Bitte um den Heiligen Geist, aus dem der Glaube allein lebt und in dessen Licht wir das Licht zu sehen beginnen. Im Neuen Testament ist es deutlich, daß Glaube mit einer *Umkehr des ganzen Lebens beginnt,* ja daß es zu der ihm eigenen Lebensbewegung gehört, *ständig* umzukehren in der Abkehr von aller Selbstliebe, aller maßlosen Begierde der Aneignung (im Materiellen wie im Geistigen) und jedem hochmütigen Ich-Bewußtsein (mit allen seinen Auswirkungen); in der Hinkehr zu dem lebendigen Gott, der in der befreienden, schützenden und führenden Gegenwart seines Geistes Menschen anredet. Glaube ist Umkehr. Glaube bewährt sich in unablässiger Umkehr. Dabei wird der menschliche Geist in *der* Weise betroffen, daß er zu ständigem Umdenken nicht so sehr aufgefordert als vielmehr *befreit* wird. Die Vorurteile zerbrechen; das ständige Vorwissen, eine Domäne menschlicher Selbstbezogenheit und urmenschlichen Stolzes, wird bis in die Wurzeln hinein in Frage gestellt. Dies alles aber ist eben kein einmaliger Akt auffälliger religiöser Wende, sondern das ebenso verborgene wie beständige Werk des Heiligen Geistes, der in Geduld und Treue auf dic unabsehbaren Verfehlungen und Schwächen des Menschen eingeht und ihn in alle Niederungen der Lüge und Verzweiflung, aber auch auf allen »Höhen« der Selbstzufriedenheit und des Stolzes, mit dem Angebot seiner Hilfe begleitet.

Ist der Glaubende mit sich selbst allein, dann kann er sich allerlei vormachen und einbilden – hinsichtlich der Größe und Unerschütterlichkeit seines Glaubens. Begegnet er aber der lebendigen Anrede des Christus, dann kann er nur ausrufen: »Ich glaube, lieber Herr, hilf meinem Unglauben!« (Mk 9,24). Es wäre nicht gut, diesen Ausruf – dialektisch – als »ungläubigen Glauben« zu bezeichnen. Denn der Sprecher sagt »Ich glaube«, und was er äußert, das ist wirklich *Glaube* und nicht ein ungewisses, vom Unglauben unterminiertes Gemisch »ungläubigen Glaubens«. Wohl aber erkennt dieser Sprecher, daß die Macht des Nicht-Glaubens ihn umgibt wie hohe Wellen einen einsamen Schwimmer. Gerade im Augenblick des Glaubens wird ihm bewußt: Dieses Meer verschlingt mich, wenn der, der mir den Glauben geschenkt hat, mir nicht hilft, mich nicht aus der tödlichen

Gefahr, die im Licht des Glaubens überhaupt erst erkennbar wird, errettet. Wer immer ausruft »Ich glaube!«, der kann, wenn er den Glauben wirklich als das unverdiente Geschenk der Zuwendung und Anrede des Geistes empfangen hat, nur bitten: »Hilf meinem Unglauben!« Der Glaube erkennt also sofort die *Hilfsbedürftigkeit für jeden Schritt,* der folgt. Nach apostolischem Verständnis ist »Glaube« ein Charisma (1 Kor 12,8), eine Gnadengabe des Geistes, – Kraft, die in einem Schwachen mächtig ist (2 Kor 12,9). Auch der Bekenner Petrus ist davon abhängig, daß sein Herr für ihn eintritt und betet, daß sein Glaube nicht aufhöre (Lk 22,32).

Der Unglaube aber ist eine urmenschliche, in die Tiefe ziehende Kraft. Die Botschaft der Auferstehung und des Lebens stößt wie auf ein verriegeltes Tor (Mk 16,14). Ausgewichen wird der verborgenen Kraft des Geistes in das Verlangen nach sichtbaren Beweisen und Zeichen (Joh 4,48). Aber auch die Zeichen und Wunder, von denen in den Evangelien berichtet wird, helfen nichts, wenn sie nicht durch die begleitende Kraft des im Wort gegenwärtigen Heiligen Geistes erleuchtet und als die großen Taten Gottes erwiesen werden. Mirakel fördern nur die religiöse Sensationslust und das unstillbare Verlangen nach Steigerung dann mehr und mehr zweideutiger und zweifelhafter Kundgebungen und »Beweise«. Aber auch dort, wo die Erweise des Heiligen Geistes geschehen, ist der *»Kleinglaube«* die Signatur derer, die Jesus nachfolgen. Mit offenen Ohren hören sie nicht und mit weit geöffneten Augen sehen sie nicht, was *wirklich* geschieht. Die Evangelien schildern keine Glaubenshelden, sondern armselige Wesen, die ihren Herrn ständig mißverstehen und alles, was er tut, auf das Niveau ihrer Erwartungen und Denkmöglichkeiten herabziehen. Das ist »Kleinglaube«, – diese Minimalisierung aller großen Taten Gottes, dieses Einfangen des Gehörten und Gesehenen in die Mikrokapseln menschlichen Geistes, der sich aus seiner Enge nicht befreien und aufsprengen läßt. »Kleinglaube« ist der verzerrte Widerschein großer Ereignisse in einem kleinen Herzen.

Aber nun heißt es doch: »Wenn ihr Glauben hättet wie ein

Senfkorn, so würdet ihr Berge versetzen« (Mt 17,20). *Nichts* soll demjenigen unmöglich sein, der glaubt. Hat also nicht doch der »Kleinglaube« große Chancen? Aber an dieser Stelle ist genau zu unterscheiden zwischen dem als »Kleinglaube« *entlarvten* Reagieren derer, die Jesus nachfolgen, und der *Verheißung,* die auch dem geringsten Aufflammen des Glaubens zugesprochen und gegeben wird. »Kleinglaube« ist Inbegriff des Menschlich-Allzu-Menschlichen; der Glaube aber, und sei er winzig wie das kleinste Samenkorn, ist *Gottes* Tat. Denn wer könnte »Berge versetzen«? Wem würde nichts unmöglich sein? Doch nur Gott dem Schöpfer, seinem Christus und dem creator Spiritus. Darum bekennt Paulus: »Ich vermag *alles* durch den, der mich mächtig macht: Christus!« (Phil 4,13). Wird also im Neuen Testament von einem »großen Glauben« gesprochen (z. B. Mt 15,28), dann wäre es Ausdruck erheblicher Torheit, wenn mit »klein« und »groß« Maßeinheiten *menschlichen* Vermögens in Ansatz gebracht würden. Wer in aller Welt könnte den Besitz »großen Glaubens« für sich in Anspruch nehmen? Was immer am Glauben »groß« ist, kann allein den großen Taten der Gegenwart Gottes in seinem Geist zugeschrieben werden.
Gleichwohl fallen alle Entscheidungen über Leben und Tod, über Erkenntnis der Liebe und Wahrheit Gottes oder Verfall in Finsternis und Gottferne im *Glauben.* Im Glauben will Gott im Menschen zum Ziel seines befreienden und rettenden Wirkens gelangen. Die gesamte Welt, alle Menschen sind überschüttet von der greifbar nahen Möglichkeit des Glaubens. Denn Gott hat in seinem Sohn *die Welt geliebt,* damit alle, die an ihn glauben, nicht der durch Sinnlosigkeit gezeichneten Gottferne verfallen (Joh 3,16). So wichtig und unverzichtbar ist der Glaube! Im Glauben nimmt der Mensch die Gabe an, die ihm angeboten wird, sagt er Ja zu der Liebe, die ihm begegnet und ihn umfängt. Gott will und wirkt dieses Ja. Dafür tritt der Heilige Geist ein und erweckt aus den Todestiefen des menschlichen Herzens die Antwort: »Ich glaube, lieber Herr, hilf meinem Unglauben!«
Die Verheißungen des Geistes enthalten *Trost und Ermutigung* für jeden, der an seinem »Kleinglauben« verzagt oder in Zweifel

und Verzweiflung gefallen ist; aber auch für alle, die sich mit ihrem sog. »eigenen Glauben« etwas vormachen und sich am eigenen Schopf aus dem Sumpf ziehen wollen. Die Summe aber allen Trostes liegt in der Zusage: »Glauben wir nicht, so bleibt er treu; er kann sich selbst nicht verleugnen« (2 Tim 2,13). Wer glaubt, lebt nicht aus dem Kraftaufwand und der religiösen Leistungsfähigkeit seines ureigensten Könnens, sondern aus der *Treue Gottes,* deren Bürge sein eigener Geist für uns und bei uns ist. Denn wer würde die Situation nicht kennen, in der wir *nicht* glauben, in der die Übermacht des Elends in der Welt und der niederschmetternden Prognosen, aber auch unsere eigene Misere, jede Chance des Glaubens zunichte machen?! Aber ist es nur eine *Situation*? »Glauben wir nicht, so bleibt er treu!« Das ist die einzige Hoffnung, die als solche *Glauben* in sich trägt, auch wenn alles dagegen spricht. »Ich glaube«, das heißt immer: Ich vertraue der Treue Gottes, auch wenn ich nicht glauben kann. Tödliche Krisis und tröstende Kraft des Geistes sind am Werk. Einfacher und einliniger ist das Verhältnis zwischen Gott und Mensch nicht beschaffen.

Es ist eine unangemessene und höchst ungeschickte Formulierung, wenn jemand nach dem »*Wesen* des Glaubens« fragt, so als sei der Glaube ein Phänomen, das von allen Seiten beobachtet und auf seine spezifischen Wesensäußerungen hin untersucht werden könnte. Überhaupt ist es sehr bedenklich, wenn vom Glauben so viel Aufhebens gemacht wird, als sei er die Inkarnation göttlicher Offenbarung und die offene Türe, durch die alle Geheimnisse Gottes erkennbar werden. Das »apostolische Glaubensbekenntnis« der Kirche sagt »Ich glaube«, um dann aber nicht vom Glauben als solchem zu sprechen, sondern vom Inhalt und »Gegenstand« des Glaubens. Wer mit den Worten »Ich glaube« beginnt, sieht sofort ab von sich selbst und wendet sich dem Gegenüber zu. Seien wir darum zurückhaltend und vorsichtig, wenn eine Sondierung des Glaubens zur Diskussion steht und alle Wahrheit Gottes nur noch in menschlicher Reproduktion zur Sprache kommen soll!

Diese Warnung läßt um so dringlicher fragen, was denn die Bibel

unter »Glauben« versteht. Geht man dieser Frage nach, dann steht man vor einer weiten Perspektive.
Das Wort »Glaube« ist in seiner besonderen Bedeutung im Alten Testament vorgebildet. Im Wort-Sinn des hebräischen Begriffs heißt »Glauben«: »sich festmachen in . . .« oder (bildlich gesprochen:) »sein Leben verankern in . . .« *Worin* kann und soll das Leben sich »festmachen« und »verankern«, wenn nicht in der angebotenen Zusage und Verheißung Gottes?! Als das in sich selbst vertrauenswürdige und unzerbrechliche Wort weckt und fordert Gottes Wort »Glauben«, bietet es sich als Wahrheit an, wobei – nach hebräischem Verständnis – »Wahrheit« das Sich-Bewährende und Bewährte meint, das Angebot der Treue und Beständigkeit Gottes. In dieses Wort-Angebot hinein kann und soll der Mensch, kann und soll Israel »sich festmachen« und »verankern«. Hier steht alles zur Entscheidung: »Glaubt ihr nicht, so bleibt ihr nicht!« (Jes 7,9). Wer sein Leben nicht ganz in der Verheißung Gottes verankert, wird abgetrieben und verschlungen von den Schrecken des Todes. Wer der Treue Gottes nicht vertraut, dessen Leben hat keinen Bestand.
Damit ist ein Grundthema angeschlagen, das ins Neue Testament hineinwirkt: Glauben ist Vertrauen. Und Ver*trauen* gründet sich auf die *Treue* Gottes. Der Glaube ist »das Geschenk der Begegnung, in der Menschen frei werden, das Wort der Gnade, das Gott in Jesus Christus gesprochen hat, in der Weise zu hören, daß sie sich allem, was dagegen spricht, zum Trotz ein- für allemal, ausschließlich und gänzlich an seine Zusage und Weisung halten dürfen« *(K. Barth)*. Ein solches Vertrauen ist Wirkung des Heiligen Geistes, der von allen Vorbehalten und mißtrauischen Erwägungen befreit. Der Heilige Geist ist »kein Skeptikus«, sagte *Luther*. Er erlöst aus Skepsis und Ungewißheit zur Klarheit und Gewißheit. Die Aussage »Ich glaube« enthält immer den Grundton: »Ich bin gewiß«. Paulus erklärt, er sei gewiß, daß keine Gewalt woher sie auch kommen möge und wie schrecklich sie auch auftrete, uns von der Liebe Gottes, die in Jesus Christus erschienen ist, trennen könne (Röm 8,38f.). Glaube ist Gewißheit.

Aber »Ich glaube«, das heißt sogleich auch: »Ich gehorche«. Glaube ist Gehorsam. Der Apostel ist ausgesandt, den »Gehorsam des Glaubens« in aller Welt aufzurichten (Röm 1,5). Fällt das Wort »Gehorsam«, so sollte keine bedrückende Vorstellung von harten Gehorsamsforderungen strenger Eltern oder militärischer Vorgesetzter den »Gehorsam des Glaubens« entstellen. Nach biblischem Verständnis heißt »Gehorchen:« unablässig auf die Stimme des Wortes und Gebotes Gottes hören und ihr folgen. Glaubensgehorsam ist *Nachfolge* – hinein in ein freies Terrain und nicht in einen religiösen Sklavendienst. »Servitas Dei – summa libertas«, sagte *Augustinus* (Der Dienst Gottes ist höchste Freiheit). Erst jetzt kann hinzugefügt werden: Glauben heißt Erkennen. Denn »jede rechte Erkenntnis Gottes wird aus dem Gehorsam geboren« *(Calvin)*. Gotteserkenntnis kann nicht »aus der Distanz« intellektueller Betrachtung heraus begonnen werden; sie ist immer zuerst und grundlegend: Erkenntnis des Glaubens und Gehorchens. Es ist der Geist des Glaubens, der die Vernunft erleuchtet. Wo aber Erkenntnis des Glaubens und Gehorchens waltet, da ist auch der innere Antrieb zum Bekennen und Bekenntnis gegeben. »Ich glaube, darum rede ich« (2 Kor 4,13). Denn wer in seinem Herzen glaubt und mit seinem Mund bekennt, der wird gerettet werden (Röm 10,10).
Zuletzt aber wird hier festzustellen sein: Der Glaube ist Hoffnung. Er richtet sich aus nach der Erfüllung aller Verheißungen Gottes und nach dem zukünftigen Schauen seiner Herrlichkeit, in deren Anblick der notwendige und unvermeidbare »Kampf des Glaubens« Ende und Erfüllung finden wird. Doch mit diesen Versuchen, einige Grundbestimmungen des Glaubens nennbar zu machen, kann nur ein Anfang gesetzt werden.

5. Alternative: Nihilismus

Steht es in keines Menschen Initiative und Vermögen, dem Wort Gottes zu vertrauen und zu glauben; ist »Kleinglaube« die

Signatur des sog. »Christentums« und Nicht-Glauben-Können unser aller Schicksal, dann ist eine »offene Situation« gegeben, die sorgsame Beachtung verdient. Diese »offene Situation« aber ist keine Erfindung puren Unglaubens; sie ist durch das Christus-Wort angezeigt: »Aber der Menschensohn, wenn er kommt, wird er auch Glauben finden auf Erden?« (Luk 18,8). Unter dieser Frage steht unser Leben. Und dieses Fragen des »Menschensohnes« löst all unser nie endigendes Fragen aus. Es widerspricht nicht der *Gewißheit* des Glaubens, wohl aber dem in jedem Menschen tief sitzenden *religiösen Sicherheitsbedürfnis,* wenn mit der »offenen Situation« *größte Unsicherheit* aufflammt. Selbst der Apostel Paulus fürchtet, daß er »anderen das Evangelium verkündigt und selbst verdammt wird« (1 Kor 9,27). Und in der Alten Kirche war der Spruch bekannt: »Mirum sacerdos salvetur« (Es ist ein Wunder, wenn ein Priester gerettet wird). Wo stehen wir eigentlich? Wo befinden wir uns? Auf einer Arche, die unzerstörbar durch die Chaosfluten gleitet, und in der »alle Schotten dicht« sind? Auf einem Felsen, den kein Erdbeben erschüttert? Auf dem Gipfelpunkt unantastbarer Werte, von dem herab wir als moralische Sittenrichter in ein zerstörtes Welt- und Lebensgefüge hineinposaunen?

Längst ist die große Alternative des Glaubens ans Licht getreten: der *Nihilismus,* in den alle selbstsicheren Wertvorstellungen des traditionellen Christentums und der abendländischen Geisteswelt wie in einen Strudel hineingerissen sind. Nihilismus bedeutet, daß »die obersten Werte sich entwerten. Es fehlt das Ziel. Es fehlt die Antwort auf das ›Wozu?‹« *(Nietzsche)*. Der Nihilismus denkt diesen Gedanken in seiner furchtbarsten Form: Das Dasein, so wie es ist, ohne Sinn und Ziel, ohne ein Finale ins Nichts hinein abstürzend. Alles kehrt ewig wieder und dreht sich im Kreis. Das ist die extremste Form des Nihilismus. Erkenntnis, daß es keine Wahrheit gibt; Erkenntnis der ewigen Sinnlosigkeit – das ist der Bodensatz nihilistischen Denkens.

Die »offene Situation« aller Unsicherheit, in die das Unvermögen, glauben zu können, uns versetzt, ist *dem Nihilismus unmittelbar benachbart*. Denn Nihilismus ist die schreckliche und –

wer einmal die Gabe des Glaubens gekostet hat, weiß es – einzige Alternative. In der »offenen Situation« steht niemand dem ins Unsichere geworfenen Christen so nahe wie der Nihilist, weil seine Konsequenz auch des Christen Konsequenz wäre, *wenn* »kein Glaube gefunden wird auf Erden«. Der Nihilismus ist die dunkle, furchtbare Kehrseite der Wahrheit Gottes in Christus. Dies muß heute in aller Deutlichkeit gesagt werden, weil Schein-Alternativen sich erheben, über welche die Krisis, die dem Christentum widerfuhr, noch nicht hereingebrochen ist: In irgendeine hohle Transzendenz weisende Weltanschauungen, die auf den Stelzen philosophischer Begrifflichkeit einhergehen und sich als »letzte Hoffnung« einer untergehenden Menschheit anbieten; narkotische und spirituelle Träumereien, die den Schrekken der Welt vergessen lassen. Wer kann sie zählen – diese letzten Inseln, die als »wertbeständig« angeboten werden? Wer vermag sie zu nennen – die Expansionen jener menschlichen Seele, die nach ihrem Gestern und Vorgestern forscht und mit sich selbst beschäftigt ist, weil alle anderen Tiefen verschüttet sind? Dies alles geschieht auf der Suche nach verlorenen Werten.

Der Nihilismus ist ehrlicher. Längst hat er den Wertbesitz der Kirche in Frage gestellt. Wer hinter *Nietzsche* zurückstrebt, kann nur in ein selbstsicheres Christentum gelangen, das dem Feuer entkommen zu sein meint.

Die *schöpferische Gabe* des Heiligen Geist, die in keines sterblichen Menschen Besitz und Verfügung sich befindet, reißt jeden Versuch selbstsicheren Auftretens hinein in die »offene Situation«, die hier zur Rede steht. »Nichts« heißt die Kehrseite dieser Gabe. »Eine solche Wahl aber hat der Mensch; diese einzige: das Nichts oder Gott. Das Nichts erwählend macht er sich zu Gott; d. h. er macht zu Gott ein Gespenst; denn es ist unmöglich, wenn kein Gott ist, daß nicht der Mensch und alles, was ihn umgibt, bloß Gespenst sei« *(F. H. Jacobi)*. Aber hat der Mensch wirklich eine *Wahl?* Er hat die Stimme des Gebets und der Anrufung: Veni creator Spiritus! Und dies allein ist der Weg.

IV. Die Kirche: Wohnung des Geistes

Im »apostolischen Glaubensbekenntnis« ist von der Kirche im dritten Artikel die Rede. Im trinitarischen Bekenntnis gehört die Kirche sowohl hinsichtlich ihres Ursprungs wie auch angesichts ihres Lebensgrundes und der in ihr wirkenden Kraft zum Glauben an den Heiligen Geist. Sie ist »Kirche in der Kraft des Geistes« *(J. Moltmann)*. Davon ist auszugehen, darauf haben wir uns im folgenden einzustellen.

1. Christus verheißt das Kommen des Geistes

Im I. Kapitel wurde auf die im Alten Testament bezeugte »Ankündigung des Geistes« geachtet. Schon in diesem Zusammenhang konnte von prophetischen *Verheißungen* gesprochen werden, die für die endzeitliche Zukunft die Gabe und Ausgießung des Geistes zusagen. Zu erinnern wäre vor allem an Ez 36,26f. und Joel 3. Jetzt aber ist die Verheißung des Geistes zu bedenken, die *Jesus Christus* in den Abschiedsreden, die das Johannes-Evangelium überliefert, den Seinen gegeben hat.

Was zu diesem Thema auszuführen ist, kann und muß unmittelbar anschließen an alles, was zum Chrisma des Christus im II. Kapitel dargelegt wurde, vor allem zur *Austeilung und Mitteilung* dieses Chrisma, die durch Kreuz und Auferstehung verwirklicht wurde. »Aus seiner Fülle haben wir alle empfangen Gnade um Gnade« (Joh 1,16). Es sollte deutlich werden, daß der Geist nicht irgendwoher kommt, sondern von Jesus, dem Christus, ausgeht, – und mit ihm alles, was die Christen zu Christen und die Kirche, wie wir sehen werden, zur Kirche macht. Der Geist ist der schöpferische Atem des Auferstandenen. »Geist« weist immer auf *Leben* hin, und zwar auf das Leben, das aus dem Tod erstanden ist. Hier handelt es sich nicht um eine bloße Idee von »Leben«, aus der heraus Träume vom »ewigen Leben« aufsteigen, von einem Leben also, das mit der dunklen Todeswirklichkeit nichts zu tun hat. Der Lebens-Geist, der vom Christus ausgeht, ist der alles Tote erweckende, schöpferische Atem. Das ist seine Wirkungskraft. So soll der Heilige Geist empfangen und erkannt werden.

Aber das Kommen dieses Geistes wird von Jesus Christus als ein *besonderer Akt* der Liebe und Herabneigung Gottes verheißen. – Von einem überragenden Menschen pflegen wir zu sagen, er sei nicht tot, sein Geist sei lebendig und wirke weiter. Diese Vorstellung und Redeweise ließen sich dann leicht auf Jesus übertragen und schon ginge das Besondere seiner Geist-Salbung und Geist-Mitteilung in einem Allgemeinverständnis von »geistigen Nachwirkungen« unter. Der Gefahr solcher Verwischungen tritt die *Verheißung* in den Abschiedsreden klar entgegen. Sie kennzeichnet den Einschnitt im Walten der Treue Gottes, den *letzten Schritt* seiner Herabneigung, dessen Ziel die Tiefen des menschlichen Herzens und Geistes sind. Alles, was Jesus in der Kraft des Geistes Gottes war, redete und lebte, geht ein in diese Verheißung. Darum ist die Ankündigung des Kommens des Heiligen Geistes kein zusätzliches Wunder, sondern die – freilich *neue* – Weise, wie Jesus Christus seiner Gemeinde gegenwärtig ist. In seinem Geist will *er selbst* anwesend und verständlich sein. Er war nicht nur in der Vergangenheit da, so daß es nur um Auswirkungen seiner Offenbarung sich handelte, er ist im Medium und in der Macht des Geistes wirklich gegenwärtig.

In den Abschiedsreden des Johannes-Evangelium wird der verheißene Geist *»Paraklet«*, d. h. trost- und hilfreicher *Beistand, Anwalt* der Verlassenen, genannt. Gott der Vater sendet diesen Geist. Der Sohn bittet ihn darum (Joh 14,16). Er soll nicht ein vorübergehender, in Notfällen eingreifender, sondern ein »ewig bleibender Beistand« sein. »Geist der Wahrheit« wird er genannt, weil in und mit ihm Gott in seiner Wirklichkeit zugegen ist. Was sich ereignet, wenn der Geist kommt, das ist weder Trug noch Schein, sondern Realität der Gegenwart Gottes. Christus verspricht das Kommen und die Anwesenheit des Geistes denen, die seine Stimme hören, die zu ihm gehören und ihre Zukunft auf ihn setzen. »Die Welt« als Inbegriff Gott-fremder Sphäre kann diesen Geist nicht empfangen, denn sie kennt und erfährt ihn nicht, weiß nicht um sein Woher und Wohin. Wer Christus begegnet, sein geist-erfülltes Wort vernimmt, der kennt ihn und erfährt das Geheimnis und Wunder: »Er bleibt bei euch und wird in euch sein« (Joh 14,17). Ez 36,26f. wird damit erfüllt: Bis in die Tiefen des menschlichen Herzens will Gott selbst mit seinem Geist befreiend, tröstend und beistehend gegenwärtig sein. Mit dieser Verheißung des Geistes verspricht Christus: *»Ich* komme zu euch« (Joh 14,18). Es ist Auftrag und Amt des »Parakleten«, der vom Vater ausgeht, Jesus als den Christus zu bezeugen (Joh 15,26). Er redet nicht von sich selbst, ist also kein eigenständig sich mitteilendes »Wesen«, sondern »was er hören wird, das wird er reden, und was zukünftig ist, wird er kundtun« (Joh 16,13). Der kommende Geist erscheint als Mittler, der Gehörtes weiter sagt. Er wirkt wie ein Prophet, der das zukünftige Handeln Gottes ankündigt und noch Verborgenes aufdeckt. So bleibt er bei den Christen und so erleuchtet er ihr Inneres. In dem allen ist es sein Hauptwerk, *Christus zu verherrlichen;* Jesus als den zu erweisen, der er ist: Der Messias, der Sohn Gottes, der Eine, in dem Gott sein letztes Wort spricht. Die Fülle dessen, was Christus als der Geist-Gesalbte empfangen hat, nimmt der Geist von ihm auf und gibt sie weiter, teilt sie aus. Als der »Geist der Wahrheit« leitet er in alle Wahrheit, führt heraus aus Irrtum und zwielichtiger Wahrnehmung. Im verheißenen »Parakleten« wird Jesus Christus selbst bei den Seinen sein – bis an das Ende der Tage (Mt 28,20). Niemand wird alleingelassen. Wie der Geist des Schöpfers alle Welt erfüllt, so ist und bleibt Christus bei denen, die seine Stimme hören. Alles, was da versprochen und verheißen wird, steht unter dem Vorzeichen: »Er selbst, der Vater liebt euch« (Joh 16,27). Leben und Frieden werden durch den Geist mitgeteilt: *Leben,* das kein Sterben zerstören kann; *Frieden,* den die Welt nicht zu geben vermag (Joh 14,19; 14,27).

Doch der »Geist der Wahrheit« bringt auch eine *letzte Krisis* in die Welt. Er *»überführt«* alles menschliche Wesen, d. h. er deckt Lüge, Vergehen, Ungerechtigkeit und alle Gott und dem Mitmenschen feindlichen Bestrebungen auf (Joh 16,8f.). Die Erinnerung an die Botschaft des Propheten Micha (Mi 3,8) wird sogleich lebendig (vgl. I.4). Die Wirklichkeit menschlichen Tuns und Treibens im Alltag des Lebens, in Politik und Gesellschaft, wird ins durchdringende Licht der Wahrheit gerückt. Wieder hebt sich das biblische Wahrheitsverständnis von jedem idealistischen und metaphysischen Fragen und Streben nach »Wahrheit« schroff und deutlich ab. Denn es ist eine Gerichtsszene, in welcher der Geist als »Anwalt« auftritt, nicht die Studierstube oder das Auditorium eines Gelehrten. »Die Wahrheit ist konkret« *(B. Brecht)*. Sie tritt in Widerspruch und Anklage gegen alles gottlose Leben und Wesen. Der »Geist der Wahrheit« bringt an den Tag, daß die Wurzel aller menschlichen Ungerechtigkeit und Schuld darin beschlossen liegt, daß nicht an Christus geglaubt wird – an ihn als den Geist-gesalbten Messias, die Quelle aller Wahrheit und Weisheit, alles Guten und Vollkommenen.
Zuletzt und vor allem macht der »Geist der Wahrheit« offenbar, daß Christus, der Gekreuzigte und Auferstandene, erhöht ist und daß ihm alle Gewalt gegeben ist im Himmel und auf Erden (Mt 28,18). Dadurch haben sich alle Weltverhältnisse grundlegend verändert. Die Macht des Bösen *ist* überwunden. Das ist die *Wahrheit,* die die Welt nicht kennt. Doch der Geist teilt sie mit, bringt sie in die Tiefen des furchtsamen Herzens derer, die sich von Christus verlassen fühlen, die er aber nicht verlassen hat und nie verlassen wird. Es geht in der Welt zu wie in jenen Regionen, die durch viele Jahre Krieg und Leid tragen mußten, aber noch nicht gehört und erfahren haben, daß Waffenstillstand und Frieden abgeschlossen sind. Es ist Wahrheit: Jesus Christus *hat* die Macht des Bösen und des Todes überwunden. Niemand erfährt diese Wahrheit, dem nicht bis in die dunklen Regionen seines unwissenden und skeptischen Herzens hinein vom »Geist der Wahrheit« gesagt wird, wie es *wirklich* steht. Diese Eröffnung

der Wirklichkeit aber ist stets zugleich eine Aufdeckung der *Zukunft* des Reiches Gottes, der neuen Schöpfung. Der »Geist der Wahrheit« ist der trost- und hilfreiche Beistand, der uns versichert: Gottes Zukunft hat schon begonnen.
Doch auch dieser Grund aller Verheißungen bleibt umstritten. Es erheben sich zahllose Stimmen, die überaus eindrucksvoll und faszinierend dafür sprechen, daß die Sprache des Geistes Illusion sei, allenfalls eine »christliche Utopie«. Und diese Stimmen werden nicht nur aus der »Welt« laut, sondern auch im Bereich der Kirche. Der Einbruch ist längst erfolgt. Viele Christen sind unter der Übermacht des Bösen zu »Zeugen der Gewalt der Sünde« geworden, haben sich auf religiöse Innerlichkeit und ein Christentum des frommen Bewußtseins zurückgezogen und die Weltgeschichte dem Untergang preisgegeben. Statt Zeugen der Auferstehung und des Lebens zu sein, sind sie zu Zeugen des allgemeinen Untergangs und Todes geworden. In dieser Szenerie des Streites, den viele Christen für verloren und aussichtslos halten, tritt der »Geist der Wahrheit« wie ein *Anwalt vor Gericht* auf und läßt im Stimmengewirr der Meinungen und resignierenden Ansichten die Stimme Gottes laut werden. Das heißt aber: Der »Geist der Wahrheit« stößt unser ganzes, von Furcht und Lüge, Machtergebenheit und Hoffnungslosigkeit geprägtes Wirklichkeitsverständnis um. Er macht uns der Wirklichkeit *Gottes* gewiß, seines Sieges in der Auferweckung des Gekreuzigten.
Dieser »Geist der Wahrheit« wird von Christus verheißen und den Seinen versprochen. Alles, was Christus war, redete und tat, geht in diese Verheißung ein und kulminiert in dem Versprechen: »Ich bin bei euch alle Tage bis an das Ende der Welt« (Mt 28,20).

2. Die Ausgießung des Geistes

Es ist ein oft diskutierter und zum Nachdenken Anlaß gebender Satz: »Jesus hatte das Reich Gottes angekündigt, aber was kam, war die Kirche« *(A. Loisy)*. Doch Jesus hatte auch das Kommen des Geistes verheißen. Und diese Verheißung ist Pfingsten erfüllt worden. Gleichwohl bleibt die Frage bestehen: Wie verhalten sich *Reich Gottes und Kirche* zueinander? Beantwortet wird die Frage allein durch das Erscheinen und Wirken des Heiligen Geistes. Denn der Heilige Geist ist die Macht, in der und mit der das Reich Gottes in unserer Welt sich durchsetzt und Gestalt gewinnt. »Das Reich Gottes steht nicht in Worten, sondern in Kraft« (1 Kor 4,20) – nämlich in der Kraft des Geistes, der Menschen ruft, sammelt und mit den Gaben und Gütern der zukünftigen, neuen Welt Gottes schon hier und jetzt erfüllt. Darum ist Kirche seit ihren Anfängen: Kirche in der Kraft des Geistes. Würde in ihr der Geist Gottes nicht gegenwärtig sein, dann stünde sie als eine religiöse Institution im toten Winkel. Reich Gottes und Kirche können also nicht einfach identifiziert werden. Denn nur als Geschöpf des Geistes und in der Macht seiner Gegenwart wird die Kirche zur Vorhut des *kommenden* Reiches Gottes, beginnt dieses Kommen in ihr. Das Wirken des Heiligen Geistes *könnte* verleugnet und verachtet werden. Von dieser Gefahr sprechen die apostolischen Briefe. Doch das Vorzeichen des Lebens der Kirche ist mit dem Pfingstereignis unauslöschlich gesetzt.

Die Ausgießung des Heiligen Geistes, vom Alten Testament angekündigt und von Jesus Christus den Seinen versprochen, ist ein nicht weniger großes *Wunder* als das von Weihnachten und Ostern. Es ist, wie wir sahen, nicht etwas Neues und Besonderes neben und außerhalb der Offenbarung Gottes in Christus. Vielmehr unterscheidet sich der Heilige Geist von allen anderen Geistern durch seine Identität mit dem Wort und Werk des Christus (IV.1). Die Pfingstgeschichte in Apg 2 prägt der Kirche ein- für allemal nicht nur das Wunder ihres Ursprungs und ihrer tragenden Lebenskraft ein, sondern auch die wesentlichen Merkmale ihrer Existenz und Lebensäußerung.

Auszugehen ist von dem einmütigen Beisammensein einer Gruppe von Menschen, einer Gemeinde. Gewiß können wir heute erklären: Die Ausgießung des Heiligen Geistes, die in Apg 2 mit allen Zeichen großer Verwunderung berichtet wird, wirkte sich *universal* aus – in der Begründung und Ausbreitung der heiligen, allgemeinen, Welt-durchdringenden (katholischen) Kirche. Doch das Kommen des Geistes war und ist *konkret*. Alles, was Gott tut, beginnt im Kleinen, und also in der einmütig versammelten *Gemeinde am Ort*. Noch konkreter: *Jeder einzelne* in dieser Gruppe ist betroffen und gezeichnet. Der wie züngelnde Flammen erscheinende, gegenwärtige Geist »setzte sich auf einen jeden von ihnen« (Apg 2,3). Dabei wird mit allen Zeichen der *Verwunderung* vom Pfingstgeschehen berichtet. Wind, Sturm und Feuer zeigen an, daß die Mitteilung des Geistes *Realität* war und ist. Sie vollzieht sich nicht in stiller Innerlichkeit und mystischer Verborgenheit. Wie der Geist in der Gestalt einer Taube auf Jesus herabkam, so sind es auch jetzt *Symbole des Sichtbaren,* die von der Wirklichkeit des Geschehens mit den äußersten Mitteln und Möglichkeiten menschlicher Sprache zu reden versuchen. Daß menschliches Sprechen an seine Grenze gestoßen ist, wird denn auch in Apg 2 offen ausgesagt. In der Kraft des Geistes beginnt ein neues Sprechen, das Züge des Prophetischen (Joel 3) und Glossolalischen trägt.

Aus dem *konkreten* Geschehen flammen die *universalen* Folgen auf. Es hebt an eine Verständigung über alle Sprachbarrieren hinweg. Die großen Taten Gottes werden allen Völkern bekannt. Das ist Pfingsten. Aber die Ereignisse haben keineswegs den Charakter einer demonstrativen und alle Zeugen überwältigenden Wundertat. Entsetzen und Spott sind die Reaktionen. Auch die mit allen Zeichen des Wunders und der Verwunderung geschilderten Ereignisse der Ausgießung des Heiligen Geistes haben teil am Geheimnis der Selbsterniedrigung Gottes in der Geschichte seines Kommens und in der Erscheinung seines Christus. Nicht einzuordnen in die Reihe sonstiger erfahrbarer Vorgänge geschieht etwas letztlich Verborgenes, das nur aus der Kraft des Heiligen Geistes und nicht von einem Standort der Beobachtung aus erklärbar ist. Was geschieht? *Ekstase!* Der Wortsinn von Ek-stase besagt ein Heraustreten aus sich selbst; die Versetzung in einen neuen, im Vergleich mit allen bisher gekannten »Zuständen«, fremden Stand: ein von Gott in Jesus Christus allein gesetztes, vollzogenes, verwirklichtes Verhältnis zu Gott. Dieses Neue ist von außen her in keiner Weise verständlich zu machen. Es ist für den Betroffenen ein Außerhalb-seiner-selbst-Stehen, eine Befreiung und Freiheit ohnegleichen. Aber kein Absturz in Rausch und Enthusiasmus, kein »Trip« ins bunt schillernde Nichts, sondern ein Aufgenommenwerden in die Schutzmacht Gottes, die »Heiliger Geist« heißt und den heimatlosen Menschen »in Christus« versetzt. Jede Predigt der Kirche, die von Pfingsten ausgeht und vom Ereignis der Ausgießung des Heiligen Geistes herkommt, richtet sich gegen den Grundirrtum, daß Gott und Jesus Christus »fern« seien. Sicher, *wir* können Gott nicht ergreifen, aber *er* ergreift uns mit der Macht seiner Liebe.

Es ist hochbedeutsam, daß die Verkündigung des Pfingstereignisses auf *alle Völker* hin ausgerichtet ist. Die Ausgießung des Geistes ist ebenso konkret wie universal. Darin erweist sie ihre Wahrheit. Diese Wahrheit erzeigt sie aber auch darin, daß Gottes Geschichte – Gott kommt in Israel zur Welt der Völker – zum *Ziel* gekommen ist. Die Weltgeschichte zerfällt nicht mehr in sinnlos zerstückelte Schicksale und zahlreiche, machtvoll auseinanderstrebende Sinnsetzungen; sie bekommt Sinn und Ziel, Einheit und Geschlossenheit in der Erkenntnis der großen Taten Gottes, die der Vollendung des Reiches Gottes entgegenführen. Die Kirche in der Kraft des Geistes wird zum treibenden, nach vorn weisenden und mitreißenden »Faktor« in der Völkerwelt. Sie wird zur Avantgarde der zukünftigen Welterneuerung. Aber sie kann dies alles nur sein und wirken – in der Kraft des Geistes. Dies muß ständig neu erkannt und entsprechend realisiert werden. Denn Geist bedeutet immer *Entmächtigung* menschlicher Machtanmaßung, die auch in der Kirche sich durchzusetzen sucht. Der Heilige Geist ist die *befreiende* Gegenwart Gottes in seinem Volk, die Menschen vom Wahn und von der Angst ihres religiösen Leistungsvermögens und Leistungsdrucks erlöst.

Christliche Gemeinde und Kirche steht von ihren Ursprüngen her unter dem befreienden Gebot, den Heiligen Geist walten und wirken zu lassen, ihn nicht einzuschnüren in Gesetze, Ordnungen und Praktiken, die seiner souveränen und guten Herrschaft »zur Hilfe kommen«, sie in Wahrheit aber eingrenzen und dämpfen. Kirchliche Ordnungen und Praktiken sind nur so gut und hilfreich, wie sie »offene Türen und Fenster« für die frische Zugluft und das Wehen des Geistes Gottes in sich tragen. Der *Geist* will zur Gemeinde sprechen (OffbJoh 2,7; 3,6.22). Der Geist will bei jedem Schritt und jeder Unternehmung der Kirche ratend und weisend am Werk sein (Apg 8,29; 10,19). Auch und vor allem in äußersten Bedrängnissen, in Verfolgungen und vor Gericht, will der Geist das Wort ergreifen (Mt 10,20).

Die *Fülle seiner Gaben* hat der Heilige Geist der Kirche gegeben und anvertraut. Auf die Charismen (Gnadengaben) ist hier einzugehen. Wie auch immer, geformt in einer langen Geschichte, die Ämter und die Dienste, die Weihen und die Aufträge, beschaffen sein mögen, – entscheidend ist in dem allen der Empfang der vielgestaltigen Gaben des Geistes, ohne die kein Amt und kein Dienst in der Kirche recht, und das heißt dem Wirken des Heiligen Geistes entsprechend, ausgeführt werden kann. Was Paulus in Röm 12 und 1 Kor 12 und 14 zu den Charismen ausführt, könnte die in ihren Amtsauffassungen getrennte Christenheit einigen. Da wird die Fülle aufgetan: Zuerst und vor allem die Gabe des Glaubens als Grund und »Maß« aller Charismen; dann Weisheit, Erkenntnis und Lehre; ferner Prophetie und geistiges Unterscheidungsvermögen, aber auch die Gabe der Krankenheilung und Wundertat; und schließlich die Glossolie (Rede in »Engelsprache« 1 Kor 13,1) und die Übersetzung solcher geheimnisvollen Rede. Dies alles gibt und wirkt der *eine* Geist. Ausgießung des Heiligen Geistes wird konkret in Charismen, die der Gemeinde in Fülle angeboten werden. Manches mag uns so fremd erscheinen, daß man es dem »Enthusiasmus der Urgemeinde« zuweisen möchte. Aber eine solche Abstoßung ist keine Lösung; sie könnte das große Angebot des Geistes Gottes zurückweisen. Jedenfalls hatte die erste Christenheit keine Angst vor den Gaben und Wirkungen des Geistes; sie setzte sich dem allem aus. »Pneumatiker« (Geist-erfüllte Menschen)

waren nicht etwa religiöse Virtuosen im Unterschied zu »Laien«. *Alle* Christen waren »Pneumatiker«, hatten teil an der Fülle der geistlichen Gaben. Da konnte allenfalls von einem Zuwenig, aber nicht von einem Zuviel der Charismen die Rede sein. Der Apostel Paulus warnt nicht, wie es unter uns zu geschehen pflegt, vor dem Gespenst des »christlichen Enthusiasmus«; er gebietet: »Seid brennend im Geist!« (Röm 12,11), »Dämmt den Geist nicht ein!« (1 Thess 5,19). Dieser Brand soll ausbrechen! Grenzenlos, ohne ängstliches Aufwerfen von Wällen und Dämmen! Und wir alle sind gefragt, ob wir nicht fortgesetzt am Werk sind, zu löschen und einzugrenzen, statt dem Wirken des Geistes Raum zu geben. Würde eine Umkehr und Erneuerung sich ereignen, dann könnte wohl auch die Weite und Tiefe der genannten Charismen wiederentdeckt und effektiv werden.
Es müßte doch wohl neue, gespannte Aufmerksamkeit finden, wenn es in 1 Kor 14,1 heißt: »Strebt eifrig nach den Gaben des Geistes, vor allem danach, daß ihr prophetisch redet!« Die angebotenen Charismen wollen nicht nur erkannt, sondern mit Eifer gesucht, entdeckt und erstrebt werden; *vor allem* die Gabe der *Prophetie*. Prophetie ist durch den Geist gewirkte Bevollmächtigung, das Wort des lebendigen Gottes und seines erhöhten Christus in einer bestimmten Stunde konkret und klar zu übermitteln. Prophetische Rede hat die Wirkung, daß auch Außenstehende es in der Gemeinde erfahren und bekennen können: »Wahrhaftig, Gott ist in eurer Mitte!« (1 Kor 14,25). Prophetie ist keine Glossolalie, also keine unverständliche Rede, sondern deutlich vernehmbare, enthüllende, vor allem aber die Gemeinde aufbauende, ermahnende und ermutigende Botschaft (1 Kor 14,3f.). Darum ist das Charisma prophetischer Rede *vor allem* erstrebenswert. Im Ereignis solcher Rede will der Herr selbst die Seinen ansprechen. Alle Ämter und Dienste sind aufgerufen. Ja, der ganzen Gemeinde ist diese Gabe anvertraut, der Verheißung und Ankündigung in Joel 3 entsprechend. Die Ausgießung des Geistes ist kein spärliches, in Kompetenzen zu rationierendes Ereignis; Reichtum und Fülle strömen hernieder. In anderem Zusammenhang (III.3) wurde es schon betont herausgestellt:

Gott will seine Gemeinde und alle Menschen nicht mit dem schwachen und armseligen Menschenwort anreden, sondern mit seiner eigenen machtvollen Stimme. Dies geschieht in der prophetischen Gabe des Geistes.

Was aber die *aus Erkenntnis und Weisheit herauskommende Lehre* betrifft, so sind die drei, hier in eins zusammengefaßten Charismen Inbegriff dessen, was wir heute »Theologie« nennen. Es wird uns eröffnet, daß Theologie in ihrer wesentlichen Grundbestimmung eine Gabe des Geistes Gottes ist, und daß all ihre Weisheit und Erkenntnis nicht aufsteigendem intellektuellem Vermögen des Menschen, sondern dem unerschöpflichen Geben des Heiligen Geistes in seiner Herabneigung zu verdanken ist. Theologie ist Charisma *(J. Schniewind)*. Nur im Machtbereich des Geistes, also nur als »pneumatische Theologie«, kann sie möglich und wirklich werden. »Ungeistlich wird die Theologie da, wo sie sich aus der frischen Zugluft des Geistes des Herrn, in der sie allein gedeihen kann, in Räume verlocken und verdrängen läßt, in deren Stickluft sie automatisch und von Grund aus verhindert ist, das zu sein und zu tun, was sie sein und tun könnte, dürfte und müßte« *(K. Barth)*.

Die Vernunft wird damit als *autonome* Macht zwar entmächtigt, als *vernehmende,* denkende und differenzierende Vernunft aber erst zur vollen Entfaltung gebracht. Dies aber bedeutet, daß alles, was prinzipiell ohne oder gegen die Vernunft gedacht und geäußert wird, nicht dem Wirken des Geistes Gottes entspricht und in Intoleranz ausartet. Der Heilige Geist ist darin helfender und befreiender Beistand, daß er im gesunden Menschenverstand waltet und von ihm aufgenommen werden will. Vernunft wird gebraucht und in Anspruch genommen, nicht negiert oder gar verschmäht. Doch noch einmal wird zu betonen sein: Erkennen ist nach biblischem Verständnis kein Aufstieg – wie z. B. in der Gnosis –, sondern Erleuchtung der Vernunft und aller Kräfte des menschlichen Geistes durch die Gegenwart des in die Tiefe steigenden Heiligen Geistes. Denn nur der Geist *Gottes* erkennt *Gott,* wie doch der menschliche Geist seine Grenze in der Sphäre des Humanum hat (1 Kor 2,11). Dies ist nicht Ausdruck der simplen erkenntnistheoretischen Faustregel, daß Gleiches nur durch Gleiches erkennbar sein kann, sondern Einsicht, die durch das Charisma der Erkenntnis Gottes und seines Wirkens, durch die befreiende Macht und Gegenwart des Heiligen Geistes geschenkt und eröffnet wird.

3. Trinität

»Der Geist erforscht alle Dinge, auch die Tiefen der Gottheit« (1 Kor 2,10). Der Glaube an den dreieinigen Gott ist *Charisma der Erkenntnis* im Heiligen Geist. Alle Kräfte der Vernunft sind herausgefordert und doch, indem sie tätig werden, an die Grenze ihrer Möglichkeiten gestellt. *Augustinus* vergleicht den, der über das Geheimnis der Dreieinigkeit nachdenkt, mit einem Knaben, der anfängt, mit einer Muschel das Meer auszuschöpfen. Dennoch muß die »Muschel« in Tätigkeit gebracht werden und der Verstand diesem Meer der Wahrheit nachdenken.

Im Rückblick auf das bisher Dargestellte könnte deutlich geworden sein: Das trinitarische Bekenntnis bezeugt die Geschichte des Kommens und der Herabneigung Gottes des Vaters im Sohn und in der Kraft des Heiligen Geistes. Im Kommen des Reiches Gottes ereignet sich Selbstunterscheidung Gottes mit dem Ziel der Begegnung, einer immer tiefer und inniger des Menschen sich annehmenden Solidarisierung und Identifizierung. Gott ist *einer* als der Gott Israels, in Jesus Christus und in der Begründung letzter Gemeinschaft und Erkenntnis seiner selbst im Heiligen Geist. Die »Gottheit« ist kein starres, überweltliches »geistiges Wesen« mit entsprechenden überzeitlichen Ausstrahlungen, sondern Inbegriff lebendigen Zu-den-Menschen-Kommens und Sich-Herabneigens. Die geschichtliche Konkretheit dieses Geschehens bekunden die *Namen* Gottes im Alten und im Neuen Testament.

Der Weg des dreieinigen Gottes führt in die Tiefe. Er erreicht den Tiefpunkt im Kreuz, in der letzten, Schuld und Tod überwinden-

den Teilhabe an aller Gottlosigkeit und Gottferne des Menschen. Und dieser Weg führt noch weiter herab: in die Tiefen des menschlichen Herzens und Erkenntnisvermögens. Es ist ein konkreter Weg, in dem die *Geschichte Israels* der rote Faden weltgeschichtlicher Zielsetzung und tatsächlichen Kommens zu sein erwählt ist. Doch alles, was da geschehen ist und geschieht und – bis zur Vollendung des Reiches Gottes – geschehen wird, wird erschlossen durch das Wort der biblischen Zeugen, in dem Gottes Geist als der *eine,* die zahlreichen Mitteilungen beglaubigende Zeuge sich als gegenwärtig und wirksam erweist.
Was besagt und beinhaltet das Bekenntnis des christlichen Glaubens »Ich glaube an den Heiligen Geist«? Ist denn der Heilige Geist »Gegenstand«, besser: Gegenüber des Glaubens? Muß er nicht vielmehr als die den Glauben überhaupt erst wirkende und allezeit begründende Kraft verstanden werden? Und wenn es so ist, würde dann der Glaube an den Heiligen Geist – Glaube an die den Glauben hervorbringende »Kraft« sein? Spätestens an dieser Stelle bricht die Grundfrage neu auf: Wer oder was ist denn eigentlich der Heilige Geist? Ist er eine (wie man dann zu sagen pflegt) *»unpersönliche Kraft«,* so daß die afrikanische Credo-Version angemessen wäre »Ich glaube *durch* den Heiligen Geist« oder – und dies ist nun die in der Kirche immer wieder vorgetragene Alternative – muß der Heilige Geist *»personenhaft«* verstanden werden?
Folgen wir zunächst einmal den Argumenten, die von einem *personenhaften* Sein und Wirken des Heiligen Geistes ausgehen! Da bietet sich – zusammengefaßt – folgendes Bild: Der Geist erscheint als »Person«, als Subjekt, wenn er »lehrt«, »verkündigt«, »überführt«, d. h. wenn er, wie wir sahen, als »Paraklet«, als Anwalt und Beistand, auftritt (Joh 14–16). Christen werden getauft »auf den *Namen* . . . des Heiligen Geistes« (Mt 28,19). Sind dies alles nicht »personenhafte« Manifestationen? Doch das Problem liegt im Person-Begriff als solchem. Es stellt sich ja auch in der Lehre von Gott die letztlich nicht ganz angemessene Frage: Ist Gott Person? Denn damit wird eine bekannte Person-Vorstellung aus dem menschlichen Erfahrungsbereich – thei-

stisch – auf Gott übertragen. Aber nicht *daß* Gott im Horizont unseres Vorverständnisses »Person« ist, sondern *welche bestimmte* »Person« er ist, kann allein hier zur Rede stehen. Nie kann und darf also unser Person-Begriff sein ewiges Sein und Offenbarungswirken einfangen und prägen wollen. Das dem personalen Denken Analoge in Gott ist – in einer ihm eigenen, einzigartigen Form – das souveräne *Ich* in seinem Reden und Handeln, stets zugehend und eingehend auf das menschliche Du. Das heißt: Gott ist – in einer singulären Weise – *Subjekt* seiner Geschichte, die, wo immer er als sprechendes und wirkendes Ich hervortritt, eine Geschichte seiner Offenbarung und Selbstmitteilung schafft.

Geht man von dieser grundlegenden Korrektur und Klarstellung hinsichtlich des Person-Begriffs aus, dann dürfte es nicht schwer sein, »personale« Aktionen vom Heiligen Geist auszusagen. Wie in sich selbst, so ist Gott – noch einmal – in Christus und im Heiligen Geist *Subjekt,* souveränes Ich in allem seinem Reden und Handeln. Damit wird eine doppelte Demarkationslinie sichtbar: Zum einen: Gott löst sich nicht auf in Geistiges, in »unpersönliche« Kraft; zum anderen: Der Heilige Geist ist nicht einfach eine »Kraft in mir«, wie es z. B. die gesamte cartesianische Theologie der Neuzeit behauptet, sondern Ereignis und Wirkung einer *Begegnung*. Dies Letzte aber hat nun weitreichende Bedeutung. Seit den Anfängen christlicher Theologie wird darüber nachgedacht und davon gesprochen, daß durch die Begegnung mit dem lebendigen Gott der Mensch als Person überhaupt erst wahrhaft konstituiert wird: Im Licht und in der Kraft der Anrede Gottes wird dem sterblichen Menschen die aus der Ewigkeit hervorgehende Würde eines einmaligen Personseins verliehen. Alles andere Reden von »Person« geht letztlich in der Anonymität und Profillosigkeit kommender und gehender Personen unter. Nur in der Relation zum als Ich sich mitteilenden und das Du anredenden ewigen Gott bekommt das menschliche Sein Name und Profil. In seiner einzigartig-»personalen« Selbstoffenbarung des Heiligen Geistes als Subjekt *teilt dieser Geist sich mit,* wird er zur Gabe und Kraft für den Menschen, um seine, des Menschen

Personalität zu begründen. Diese Geist-Mitteilung ist und bleibt ein Ereignis von Ich und Du. Darum ist jede spirituell-dynamische Verflüchtigung und Auflösung ein Heraustreten aus diesem personalen Geschehen, dessen Ursprung – auch und gerade in der Kraft des Geistes – das sich selbst mitteilende Ich Gottes ist.
Heiliger Geist – das ist das Ereignis: Wir sind mit *hineingenommen* in die Einheit zwischen Gott dem Vater und dem Sohn. Gottes Geist ist die offene Türe seines Reiches, durch die alle Bedürftigen und Beladenen, Fragenden und Suchenden, eingehen dürfen. Wenn wir von allen guten Geistern verlassen sind, dann tritt dieser Geist für uns ein.
Nun verhält es sich ganz gewiß so, daß der Heilige Geist die Antwort Gottes auf die Frage nach dem *neuen Menschen* gibt – in humaner Tiefe und universaler Weite. Daß der Mensch etwas ist, was überwunden werden muß *(Nietzsche),* weiß oder ahnt man in allen Religionen und Weltanschauungen. Aber wo liegt die Antwort? Von dieser Frage nach der Wahrheit ist niemand entbunden, auch der Christ nicht, wenn er die Antwort vernommen hat. Im Gegenteil: jetzt gilt es erst recht, sich auszustrecken nach dem, was nie als fromme Dutzendware dem Menschen in den Schoß fällt. Wir sind nicht im Besitz der Wahrheit, wir haben es vielmehr mit einem unverdienten Geschenk zu tun, das wir vor allem dann verspielen und verlieren, wenn wir es in festen Händen zu halten meinen.
Aber es geht um mehr. Die Frage nach dem neuen Menschen wird stets, wenn sie nicht im vermeintlich sicheren Besitz des einzelnen verschlossen bleibt, zur offenen Frage nach der *neuen Welt,* nach dem Kommen des Reiches Gottes und also nach der Veränderung aller bestehenden Zustände und Verhältnisse, in denen Menschen als ausgebeutete, unterdrückte und erniedrigte Wesen leben müssen. Gottes Geist ist ausgegossen über »alles Fleisch« (Joel 3). Mit der Zielrichtung des kommenden Reiches Gottes, der »neuen Erde, in der Gerechtigkeit wohnt« (2 Petr 3,13), hat der Heilige Geist universale, den Einzelmenschen weit überragende, wenn auch bei ihm beginnende, Wirkungen. Es entspräche der Selbstbezogenheit und Selbstgenügsamkeit

menschlichen Geistes, wenn er den Geist Gottes nur für sich selbst haben und in Anspruch nehmen wollte. Er tut es aber, und viele entsprechend gelagerte Tendenzen in der Kirche bestätigen ihn in seiner individuellen Frömmigkeit, die nur mit »Gott und der Seele, der Seele und Gott« befaßt sein will. Da wird der Geist Gottes mit allen seinen schöpferischen und befreienden Wirkungen festgehalten und eingesperrt; er wird in den Bann eines religiösen Innenlebens gestellt. Und das Zauberwort »neue Spiritualität« überdeckt nicht nur eine eklatante »Sünde wider den Heiligen Geist«, sondern es entlarvt zugleich das Wunschwesen einer Frömmigkeit, die nichts anderes im Sinn hat, als das eigene Ich zu überhöhen und zu kultivieren.
Allen diesen Tendenzen steht die biblische Rede vom Geist Gottes mit *allen* ihren universalen, geschichtlichen, politischen und gesellschaftlichen Auswirkungen hart und streng entgegen. Es war darum ein Durchbruch ohnegleichen, den Kirche und Theologie nie übersehen und vergessen sollten, wenn *Karl Barth* im Jahre 1916 auf die Frage, wer denn Gott sei, antwortete: »Der heilige Geist, der einen neuen Himmel und eine neue Erde schafft und darum neue Menschen, neue Familien, neue Verhältnisse, eine neue Politik, der keinen Respekt hat vor alten Gewohnheiten, nur weil sie Gewohnheiten sind, vor alten Mächten, nur weil sie mächtig sind! Der *heilige* Geist, der nur vor der Wahrheit, nur vor sich selber Respekt hat! Der heilige Geist, der mitten in der Ungerechtigkeit der Erde die Gerechtigkeit des Himmels aufrichtet und der nicht ruhen noch rasten wird, bis alles Tote lebendig geworden, eine neue *Welt* ins Dasein getreten sind.« – Diese Sätze gehören unumstößlich in das trinitarische Glaubensbekenntnis hinein, wenn anders der Glaube an den Heiligen Geist den Glauben an Gott den Schöpfer unserer Welt und die Zukunft des Reiches Gottes nicht vergessen und verleugnen will.

4. Taufe

Für die neutestamentliche und für die kirchliche Theorie und Praxis der Taufe ist Mt 3,11 der entscheidende Ausgangspunkt. Johannes der Täufer sagt: »Ich taufe euch mit Wasser zur Umkehr; er aber, der nach mir kommt, der mächtiger ist als ich, dessen Schuhe zu tragen ich nicht würdig bin, – er wird euch mit dem Heiligen Geist und mit Feuer taufen.« Hier wird unterschieden zwischen *Wassertaufe und Geisttaufe;* zwischen dem, was er selbst, der Täufer tut, und dem bevorstehenden Wirken des Messias. Mit der Unterscheidung ergibt sich ein Problem, dem später nachgegangen werden muß.

Aber können Wassertaufe und Geisttaufe wirklich voneinander abgehoben werden? Ist die Unterscheidung nicht dadurch hinfällig geworden, daß Jesus von Nazaret bei der Wassertaufe im Jordan den Heiligen Geist empfangen hat? Hat er nicht in diesem Geschehen unauslöschlich das Chrisma des Geistes Gottes empfangen? Tatsächlich wird denn auch im Neuen Testament die *Verbindung von Taufe und Geist* mehrfach betont. Denn die Gabe der Taufe *ist* der Heilige Geist. Die Getauften sind das »Haus«, in dem der Geist Gottes – seit der Taufe – Wohnung genommen hat. Es wird zwar in Apg 19,1ff. berichtet, daß die urchristliche Missionspredigt auf Gruppen stieß, die nur die Wassertaufe des Johannes kannten und nicht wußten, was »Heiliger Geist« eigentlich ist; aber derartige Ereignisse liegen am Rand und betreffen nicht das Leben der christlichen Gemeinde.

In den urchristlichen Gemeinden wurde die Taufe mit dem Bekenntnis zum Jesus als dem Christus vollzogen (Apg 8,37; 19,4). Dieses Christus-Bekenntnis wurde bald zum *trinitarischen Credo* ausgeformt. Getauft wurde »auf (genauer: in) den Namen des Vater und des Sohnes und des Heiligen Geistes« (Mt 28,19). Die Apostel beteten über den zur Taufe Bereiten, »daß sie den Heiligen Geist empfangen möchten« (Apg 8,15). Dann legten sie den Täuflingen die Hände auf, »und sie empfingen den Heiligen Geist.« – Was aber geschieht in der Taufe und mit dem Empfang des Heiligen Geistes? Die Wassertaufe »reinigt«; im

»Bad der Wiedergeburt« ereignet sich »Erneuerung des Heiligen Geistes« (Tit 3,5): Vergebung der Sünden. So ist die Taufe Anfang einer neuen Existenz, Zueignung neuen Lebens und Verheißung ewigen Lebens. Ein deutlicher Bruch mit allem zuvor Gewesenen wird gekennzeichnet. Das eigentliche Sakrament aber ist der *Tod* Jesu Christi, auf den hin und in dem die Taufe als heilige Handlung vollzogen wird. Das Leben des Getauften wird in die Kirche aufgenommen, in sie gleichsam eingepflanzt und verwurzelt. Durch das Geist-Chrisma der Taufe wird der Getaufte ein *Christ*.

Aber nun stellen sich erst die Fragen ein. Es ist davon auszugehen, daß die Tauflehre des Neuen Testaments, die aus verschiedenen Zusammenhängen rekonstruierbar ist, an der Taufe von *Erwachsenen* orientiert ist; von einer Säuglingstaufe erfahren wir nichts. In Mk 16,16 wird erklärt: »Wer glaubt und getauft wird, der wird errettet werden!« Das Ereignis des Glaubens geht also der Taufe vorauf. Man könnte auch sagen: Zuerst geschieht die Geisttaufe, dann erst die Wassertaufe. Wer an Jesus Christus *glaubt*, begehrt die Taufe, tritt hinzu zur Wassertaufe, empfängt alle Gnadengaben des Sakraments und wird in die christliche Gemeinde aufgenommen. Um diesen Vorgang zu veranschaulichen, sei ein Abschnitt aus der Kirchenordnung des *Hippolyt* (Kap. 46) zitiert: ». . . und so steigt er in das Wasser hinab. Der Älteste lege ihm die Hand auf und frage ihn: Glaubst du an Gott den Vater, den Allmachtigen? Der Täufling antwortet: Ich glaube. Und der Älteste hält die Hand auf seinen Kopf gelegt und tauft einmal. Darauf sage er: Glaubst du an Christus Jesus, den Sohn Gottes, der geboren ist vom Heiligen Geist aus Maria, der Jungfrau, gekreuzigt unter Pontius Pilatus und gestorben und begraben, auferstanden am dritten Tag lebend von den Toten, aufgefahren in den Himmel, sitzet zur Rechten des Vaters, der kommen wird zu richten die Lebendigen und die Toten. Und wenn jener gesagt hat: ich glaube, soll er wiederum getauft werden. Und schließlich soll er sagen: Glaubst du im Heiligen Geist eine heilige Kirche und die Auferstehung des Fleisches? Der Täufling sage wieder: ich glaube, und so werde er zum dritten mal getauft.« So also geschah Taufe an erwachsenen Menschen, die im Glauben hinzukommen und das ihnen angebotene Bekenntnis sprechen. Die Urchristenheit war missionierende Kirche.

Diese Verhältnisse mußten sich ändern, wenn Familien und deren Nachkommen »zur Kirche gehörten«. Die *Kindertaufe* kam auf. Daß Gottes Heilswille nicht nur auf den neuen Menschen, sondern auf das neue Gottesvolk abzielt, mußte eine Entsprechung finden. So gibt es denn schon im Neuen Testament die sog. Oikos-Formeln, die besagen, daß nicht nur ein einzelner, sondern »sein ganzes Haus« getauft wird (Apg 16,15). Gelegentlich wird auf das Alte Testament verwiesen, auf die Beschneidung als Zeichen der Zugehörigkeit zum Volk Gottes. Die Säuglingstaufe konnte später auch als Inbegriff der »zuvorkommenden Gnade« gelten *(Augustinus)*. Jedenfalls ist die Kindertaufe bei *Irenäus* zuerst nachweisbar, von *Tertullian* wird sie bekämpft; und als kirchliche Sitte erscheint sie bei *Cyprian* und *Origenes*. Es blieb aber die Erwachsenentaufe in früher Zeit die Regel, ja man suchte die Taufe möglichst lange hinauszuschieben. Doch mit der Zeit setzte sich die Taufe der Säuglinge durch.

Ist aber jeweils die Kindertaufe geschehen, dann erhebt sich neu die Frage nach dem Verhältnis von Wassertaufe und Geisttaufe. Gegenüber den im Neuen Testament festgestellten Vorgängen hat die Reihenfolge sich umgekehrt. Die Taufe des Säuglings bedarf einer Vollendung durch Unterweisung und Bekenntnis, durch Firmung oder Konfirmation. Dies ist kirchliche Ordnung geworden. Und in dieser Ordnung bricht die Frage nach dem Chrisma des Geistes auf, werden alle Aussagen über den Heiligen Geist, die getroffen wurden, für den Glauben akut. Das Neue Testament geht davon aus, daß allein dieses Chrisma den Glaubenden zum Christen macht. Es ist im Grunde das Tauf-Chrisma. Auf die Gaben, die mitgeteilt werden, wurde hingewiesen. Jetzt kann nur auf ein Doppeltes aufmerksam gemacht werden: Zuerst darauf, daß die »Salbung mit dem Heiligen Geist«, auf Jesus als den Christus bezogen und von ihm ausgehend, das *Siegel der*

Treue Gottes enthält: »Ich will dich nicht verlassen noch jemals von dir weichen!« (Jos 1,5); »Glauben wir nicht, so bleibt er treu« (2 Tim 2,13). Dann aber ist zu bedenken, welche Folgen die Gabe des Geistes für den Glaubenden hat: »Mit Furcht und Zittern erwirkt euer Heil! Denn Gott ist es, der das Wollen wie das Vollbringen in euch bewirkt nach seinem Willen« (Phil 2,12f.). Beides hängt unlösbar zusammen, denn das Chrisma ist kein Garantieschein, der in irgendeinem Tresor aufbewahrt werden könnte, sondern – unter dem Siegel der Treue Gottes – ein Kampf, der von Gewißheit zu Gewißheit führt.
Darum werden auch Inhalt und Wirkung der Taufe immer neu verkündigt und aufgezeigt werden müssen, so wie der Apostel Paulus in Röm 6 die Gemeinde anredet und die ethischen Konsequenzen der großen Gabe des Lebens sichtbar macht. Christen bedürfen ständig der *Erinnerung* daran, was an ihnen geschehen ist: »Ihr seid abgewaschen, ihr seid geheiligt, ihr seid gerecht geworden durch den Namen des Herrn Jesus und durch den Geist unseres Gottes« (1 Kor 6,11). Die Wiedergeburt, d.h. die Versetzung in eine neue Existenz und neue Lebenszusammenhänge *ist* geschehen. Doch: »Was aus dem Geist geboren ist, das ist Geist« (Joh 3,6). Den Geist aber haben wir nicht zu unserer Verfügung. Er ist Leben aus Gottes ewiger Welt. Und dieser Geist »weht, wo er will« (Joh 3,8). Aus Gottes souveräner Freiheit geht er hervor. Davon sind wir abhängig. Wir leben allein aus seiner Gnade. Er gibt uns, was wir uns nie nehmen können. Gleichwohl spricht das Neue Testament immer wieder davon, daß Christen den Heiligen Geist »haben«, daß er bei ihnen »wohnt« (1 Joh 5,12; 2 Kor 6,16). Das Siegel der Treue Gottes ist unzerbrechlich. Was er verspricht, hält er. Er will uns täglich und stündlich nahe sein, gibt uns die Verheißung seiner Gegenwart. Gott will nicht nur »Blitzbesuche« und »je neue Begegnungen« herbeiführen, sondern wirklich bei den Seinen wohnen (Offb 21,3). Und oft ist es nur die hauchdünne Wand menschlicher Blindheit, die dies alles nicht wahrnimmt.
In der Taufe geschieht Wiedergeburt, Schöpfung einer neuen Existenz in der Kraft des Geistes Gottes. Der Getaufte steht in

einem *einmaligen, völlig neuen Lebensverhältnis*. Sein Gegenüber ist der lebendige Gott, der ihn bei seinem Namen gerufen und in einen unzerbrechlichen Bund gestellt hat. Dies alles prägt die *Einzigartigkeit* menschlicher Existenz. Wem diese singuläre Wiedergeburt widerfährt, der ist der Ausdehnung und Auflösung menschlichen Daseins in Re-inkarnationen (Wiedergeburten) entrissen. Es ist bekannt, daß in der Bundesrepublik Deutschland ungefähr 20% aller Befragten der Auffassung sind, daß sie schon einmal oder mehrfach gelebt haben, und daß ihr jetziges Dasein eine Wiedergeburt früherer Existenzweisen darstelle. Niemand wird bezweifeln können, daß es Tiefenschichten seelischen Sich-Erinnerns und oft unerkannter Zusammenhänge gibt, aus denen solche Auffassungen gespeist werden. Und je mehr ein Mensch diesen Mächtigkeiten seines Inneren sich hingibt, um so deutlicher meint er, die Konturen des Früheren wahrnehmen zu können; aber bisweilen treten sie auch unvermittelt auf. Wir werden zu erkennen haben, daß vieles aus Vergangenheit, Gegenwart und Zukunft, aus den Tiefen der Seele und des Geistes, am Werk ist, die Einmaligkeit und Unwiederholbarkeit menschlicher Existenz zu untergraben und aufzulösen. Man kann diesen Prozeß sogar als »Erlösung« verstehen, als ein Geschehen, das ablaufen »muß« und die Fraglichkeit des Lebens aufhebt. Wo Allbeseelung und alldurchdringender Geist menschliches Dasein tragen, nähren und bestimmen, wie es in den östlichen Kulturen der Fall ist, da sind Re-inkarnationen geradezu die normalen Abläufe des Schicksals eines jeden Menschen. – Die Taufe aber ist der *tief einschneidende Bruch* mit allem, was aus der Vergangenheit sich erhebt an Schicksalsverkettungen und Schuld, Bindungen und Auflösungen. Die Einmaligkeit und Unwiederholbarkeit des menschlichen Ich wird durch den »Schöpfer Geist« Wahrheit und Wirklichkeit. Bei seinem Namen gerufen, angesprochen und mit dem Siegel neuer Existenz gezeichnet, ist der Getaufte kein anonymes Wesen mehr. Die ewige Bestimmung, die ihm widerfährt, gibt seinem zeitlichen Sein einen unverlierbaren Sinn.

5. »Leib Christi«

Im Neuen Testament kommt der Rede von der Kirche als »Leib Christi« eine zentrale Bedeutung zu. Der Heilige Geist ist darin die schöpferisch-belebende Macht, in der Jesus als der erhöhte Herr die Christenheit in der Welt gestaltet und aufbaut als seinen »Leib«, d. h. als seine *irdisch-geschichtliche Existenzform*. Als das Haupt des Leibes wirkt er – durch den Geist – Wachstum, Erhaltung und Ordnung der »Gemeinschaft der Heiligen«, befähigt er alle Glieder dieses Leibes zur vorläufigen Darstellung der in ihm selbst geschehenen Heiligung der gesamten Menschheit. In der Kraft seines Geistes ist der Herr als das »Haupt« gegenwärtig und wirksam im Ganzen seines Leibes, in allen Gliedern. Kirche ist keine geistig-platonische Erscheinung, sie hat Gestalt, sie ist ein Leib.

In diesen Leib werden Menschen durch die Taufe eingepflanzt. So sind es nicht etwa viele einzelne, die in ihrem Zusammenkommen und Sich-Versammeln »Kirche« bilden, sondern zuerst, und vor jedem Hinzukommen eines einzelnen, ist der Leib Christi als die irdisch-geschichtliche Existenzform des erhöhten Christus da. Die Einheit besteht vor der Vielzahl: »Wir sind durch *einen* Geist alle zu *einem* Leib getauft, wir seien Juden oder Griechen, Unfreie oder Freie, und uns allen ist ein und derselbe Trank des Geistes gegeben« (1 Kor 12,13). Es ist der *eine* Geist am Werk, den *einen* Leib des Christus aufzubauen und ihn zur Gemeinschaft zusammenzufügen. In diesem Prozeß aber herrscht nicht die Gewalt der Gleichmacherei, sondern die alle Gegensätze und Unterschiede überwindende Kraft der Liebe.

Allein die Liebe Christi eint. Sie hebt alle Barrieren und Grenzen auf, die zwischen Juden und Heiden aufgerichtet sind. Sie überwindet auch alle Rassengegensätze und alle Klassenunterschiede. Alle, die durch die Taufe in diesen neuen Bereich des Lebens eingegangen sind, finden zueinander in der Gemeinschaft des Geistes, die in der Eucharistie empfangen und gestalthaft kundgegeben wird – in der Teilhabe an dem *einen* Leib. Denn »das Brot, das wir brechen, ist die Gemeinschaft des Leibes

Christi. Es ist *ein* Brot, so sind wie als die Vielen *ein* Leib, weil wir alle an *einem* Brot teilhaben« (1 Kor 10,16f.). Nur in dieser Gemeinschaft des Geistes im Leib Christi können Christen leben. Denn der Heilige Geist ist nicht irgendwo, sondern konkret in diesem Leib gegenwärtig und wirksam – im Miteinander und Aufeinander-Angewiesensein aller Glieder.
In den Leib Christi geht die Fülle der Gaben des Geistes ein. Die Charismen werden hier wirksam und bauen die Gemeinschaft auf. Die Aufzählung der Geistesgaben schließt ab mit dem Satz: »Dies alles wirkt derselbe *eine* Geist und teilt jedem zu, wie er will« (1 Kor 12,11). Aus der Kraft der Charismen helfen und dienen die Glieder des Leibes einander, haben sie teil an allem, was jedem einzelnen widerfährt an Traurigkeit und Leiden, Freude und Erhebung. Keiner kann sich herausnehmen oder alle Fähigkeiten für sich beanspruchen. Jedes Glied ist auf das andere angewiesen. Diese Gemeinschaft des Geistes wird zwar am organischen Wachstum und an der physiologischen Harmonie demonstriert, sie ist aber nicht natürlich bedingt, sondern sie wird durch die schöpferische und alles belebende Kraft des Heiligen Geistes hervorgerufen und erhalten. Man müßte auch und vor allem an dieser Stelle erklären: Gottes Geist ist nicht überall und allgemein aufspürbar; er hat ein bestimmtes Gefäß, einen Raum seines konkreten Wirkens in unserer Welt eingenommen. *Der Geist hat einen Leib*. Er ist leibhaftig und also in der ihm eigenen »personalen« Existenzweise in unserer Welt gegenwärtig. Und dieser Geist hat »Glieder«, nicht in der Vereinzelung, sondern in der Einheit seiner leiblichen Gegenwart. Dies ist das Mysterium der Kirche als der irdisch-geschichtlichen Existenzform Jesu Christi und seines messianischen Fortwirkens in der »Gemeinschaft des Geistes«.
Das Verhältnis von Geist und Leib im Blick auf die Kirche prägt auch das Leben eines jeden Christen. »Oder wißt ihr nicht, daß euer Leib ein Tempel des Heiligen Geistes ist?«, fragt der Apostel Paulus (1 Kor 6,19). Dem menschlichen Leib wird damit eine unabschätzbar große Würde zuerkannt. Er ist nicht, wie im Platonismus, das Gefängnis der Seele oder des Geistes, sondern

die Stätte der Heiligung. Mit einem Tempel wird er verglichen. Gott selbst will im Menschen wohnen. Aber das bedeutet zuerst und vor allem, daß der menschliche Leib *befreit* wird von allen anderen Kräften, die in ihm Raum und Recht gewinnen wollen. Gottes Geist ist der Geist der Freiheit. Was er im Menschen wirken will, steht unter diesem Vorzeichen und hat allein dieses Ziel. Der Leib soll nicht ein Sklave der Triebe und grenzenlosen Lustgewinne sein, sondern mit allen seinen Trieben und Wünschen erquickt sein von der frischen, belebenden Luft des Geistes Gottes. Herrlicheres kann vom menschlichen Leib nicht ausgesagt werden als dies, daß Gottes Geist in ihm wohnen will. Paulus stellt alles, was er über die Sexualität und über das Leben in der Ehe ausführt, ins Licht dieser Grundbestimmung des leiblichen Lebens – ohne die Geißel des Asketischen und ohne alle in die Enge treibenden Gesetze. Allein diese Frage ist bestimmend: Wie lebe ich als einer, der durch die Lebenshingabe Jesu Christi »teuer erkauft« ist, Wohnstätte des Heiligen Geistes zu sein? Die gesamte christliche Ethik läßt sich in diese Frage zusammenfassen, aus der dann auch die angemessenen Antworten hervorgehen werden. Als »Tempel des Heiligen Geistes« ist der menschliche Leib dazu bestimmt, der Verherrlichung Gottes zu dienen, Zeuge seiner Gegenwart zu sein.
Aber diese Würde und Bestimmung der Leiblichkeit des Menschen steht in einem übergeordneten, umfassenderen Zusammenhang, von dem wir ausgingen: Das gemeinsame Leben der Christen in der Gemeinschaft des Geistes, in der Kirche als dem »Leib Christi«. Zuerst von diesem Leib gilt es, daß er, in der Kraft des Geistes, *Raum der Freiheit* ist. Wann immer und wo immer der Geist Gottes in der Kirche regiert, wird dies erfahren und erkannt. Die ekstatische Freude in der Gemeinde zu Korinth oder der im Lob Gottes alle Glieder des Leibes lösende Tanz afrikanischer Christen ist dieser Grundgegebenheit näher als die starre Feierlichkeit, die wir in unseren Kirchen erleben. Der Geist *bewegt* den Leib. Hier sind nicht die psychischen Emotionen und Eruptionen gemeint, die oft als Ersatzmittel fungieren wollen. Die Freude und Freiheit des Geistes will auch die seelischen

Kräfte des Menschen ergreifen und freisetzen. Wer sich zu besonderen Äußerungen des Enthusiasmus absondern wollte, der hätte nicht begriffen, wie weit und reich die Möglichkeiten in dem *einen* Leib sind; er müßte aber auch in seiner Protestbewegung gegen starre und erstorbene Frömmigkeit alle Aufmerksamkeit der Gemeinde finden. *Ein* Herr, *ein* Geist, *ein* Leib. Diese Erkenntnis und dieses Bekenntnis stehen im Zentrum des Neuen Testaments.
Um so schrecklicher und unbegreiflicher ist jede Spaltung oder Absonderung in der Christenheit. Die Vielfalt der christlichen Konfessionen ist ein *unerträglicher Skandal,* eine Zerreißung des Leibes Christi und Sünde gegen den Heiligen Geist. Dessen muß jeder Christ sich bewußt sein, um dann nicht aufzuhören, in seinem Beten und Denken, Reden und Tun für die *Einheit* der Kirche einzutreten. Vor allem angesichts der Eucharistie, der Teilhabe an dem *einen* Leib des Herrn, werden die Parteiungen und Spaltungen völlig unverständlich und unfaßlich, sowohl unter Christen wie dann vor allem unter all denen, die die zerspaltene Christenheit schon durch ihr getrenntes Dasein als diskreditiert betrachten. Das Wirken des Geistes war und ist es *nicht,* das auseinandertreibt. Daran ist kein Zweifel. Doch andererseits wird man sich immer wieder klarmachen müssen, daß eine Wiedervereinigung nun auch nicht geist-los vollzogen werden kann, mit organisatorisch-institutioneller Methodik.
Es ist ein verheißungsvolles Faktum, daß das Einander-Finden »ganz unten« begonnen hat und langsam, aber beharrlich fortschreitet, und zwar bemerkenswerterweise überall dort, wo Christen in einer machtvoll sie umgebenden Umwelt als *Minorität* leben, sei es auf den sog. Missionsfeldern oder aber im gemeinsamen Kampf gegen Ideologien, die die Menschlichkeit des Menschen zerstören. Aber diese Situation, Minorität zu sein, und also der Ankündigung ihres Herrn zu entsprechen (Lk 12,32), bricht heute an vielen Orten und in vielen Städten auf. Und es bedarf keiner besonderen Prophetie, um zu prognostizieren, daß die Bedrängnis und das Hineingedrängtwerden in die Lage der Minorität die *Zukunft* der Christen in unserer Welt sein wird.

Darüber kann sich nur hinwegtäuschen, wer das Christentum mit einer triumphalen Weltanschauung verwechselt, die sich siegreich auf alle Gefährdungen und Widerstände einzustellen vermag. Um zu schweigen von denjenigen, die sich bedenkenlos von politischer Macht und vom Kapital umarmen und tödlich umklammern lassen. Längst haben sich die »Vortrupps« in den getrennten Kirchen gefunden – Minoritäten, die das Kommende anzukündigen sich berufen wissen.
Der »Erfolg«, den wir meinen anstreben zu müssen, und den wir den Bilanzen anderer Bewegungen abgeguckt haben, ist keine Kategorie des Reiches Gottes und seines Heiligen Geistes, sondern eine Weise des Rechnens und Berechnens, die scheitern wird und scheitern muß wie die Zählung Davids (1 Chron 21,1ff.). Denn nicht aus berechenbaren »Zugaben«, sondern in der *Hingabe* lebt der »Leib Christi«. Und damit sind zwei Aspekte als entscheidend herausgestellt: 1) Kirche ist nur Kirche, *wenn sie für andere da ist (D. Bonhoeffer);* sie verliert Auftrag und Sendung, wenn sie nicht in allem, was sie denkt, redet und tut, all denjenigen in unbedingter Weise verpflichtet bleibt, die nicht der christlichen Kirche angehören. Wenn aber die getrennten Kirchen von diesem Geist der Hingabe und des Daseins-für-andere erfüllt sind, dann müssen sie – geradezu zwangsläufig – auch aufeinander zugehen. 2) Ausgeschlossen ist damit jede unablässige Befassung einer Kirche *mit sich selbst,* mit dem Image ihres »Leibes« und mit der Sicherung ihres Bestandes, mit der Kosmetik ihrer Selbstdarstellung. – Beide Aspekte gehören zur Kreuzesgestalt der Kirche und können nicht nur in der Theorie gelten, sondern müssen in der Praxis sich bewähren. Denn es gilt das Wort Jesu zuerst für die christliche Kirche: »Wer sein Leben erhalten will, der wird es verlieren, wer aber sein Leben verliert um meinetwillen, der wird es finden« (Mt 16,25).

V. Leben in der Kraft des Geistes

1. Der Kampf des Glaubens

Der Leib des Menschen ist ein Tempel des Heiligen Geistes. Doch manche Leute meinen, wenn Gottes Geist Wohnung in ihnen nimmt, dann ginge alles wie von selbst. Das ist ein großer Irrtum. Geist heißt Kampf. Denn jetzt ist wieder aufzunehmen, was schon im Alten Testament deutlich in Erscheinung trat: Gottes Geist ist die *Krisis* über das gesamte menschliche Wesen, das *Nein* zu allem, was wir von Haus aus sind und haben. Viele meinen, der Heilige Geist verkläre unser menschliches Wesen und verwandle, veredle und durchgeistige unsere Natur. Sie stellen sich vor, das Leben im Geist sei ein Aufstieg zu immer höherer Vollkommenheit. Antike Bildungsideale werden damit ins Religiöse aufgenommen und gesteigert. Aber das Neue Testament nennt das gesamte menschliche Wesen: »Fleisch« und meint damit nicht nur die Hinfälligkeit und Sterblichkeit der Materie des Leibes, sondern auch und vor allem die gesamte Denkweise, die Bestrebungen und Taten derer, die ganz und gar bestimmt und durchdrungen sind von gottferner Menschenart. Es gibt keine Regung und Bewegung, die nicht im Bann des Symbols »Fleisch« stünde. Solange der Mensch sich selbst betrachtet und sein Wesen und Tun im Spiegel allgemeiner Wertungen oder moralischer Maximen anschaut, ist er geneigt, der totalen und radikalen Wertung, die insbesondere Paulus ausspricht, heftig zu widersprechen. Sind nicht die guten Gedanken und Willensimpulse oder die Vernunftäußerungen von diesem niederschmetternden Gesamturteil auszunehmen? Aber wir mußten doch erkennen, daß alles Gute, Vernünftige und Wahre unter dem Vorzeichen steht: »Was hast du, was du nicht *empfangen* hast?« Darum konnte *Augustinus* den eigentlich nur in diesem Kontext

verständlichen Satz formulieren, die Tugenden der Heiden seien glänzende Laster. »Laster«, weil sie durch Selbstüberhebung und Hybris gezeichnet sind; »glänzend«, weil sie tatsächlich Gutes und Wahres ausstrahlen. Aber wer kann hier folgen?
Die *Wahrheit* menschlicher Existenz wird nur dann erkennbar, wenn das unbestechliche, klare Licht des Heiligen Geistes in ihr aufleuchtet. Aber das sagt sich leicht. Denn das Bestreben menschlicher Art geht dahin, die Strahlen dieses Lichtes sich anzupassen, sie zu absorbieren, sie sich zu eigen zu machen. Dies wäre dann der Prozeß, auf den oben hingewiesen wurde: Der Mensch bemächtigt sich des Geistes, um – möglichst mühelos und die eigene Wesensart überblendend – zu höherer Vollkommenheit aufzusteigen. Aber Geist heißt Kampf. Vom ersten Augenblick an. Der Heilige Geist spricht das Nein Gottes zu allem, was der Mensch ist und hat. Wer dieses Nein überhört oder ihm ausweicht, gerät mit dem ersten Schritt, den er tut, in eine Situation, in der die Wahrheit verdrängt und niedergehalten wird. Geist aber heißt: Gott zieht uns auf seine Seite, und er tut dies nicht mit einem einzigen Ruck, sondern indem er alle unsere Sinnen, Willensäußerungen, Gedanken, Worte und Taten von Tag zu Tag und von Stunde zu Stunde aus ihrer Verankerung im gottfernen Lebensgrund herausholen will. Das ist der Kampf des Glaubens, der niemandem erspart bleibt. Alles Wirken des Heiligen Geistes ist unerhört konkret. Aber nun sollte man dies alles nicht unter dem Aspekt eines religiösen Sklavendienstes sehen. Was da geschieht, und was nirgendwo so eindringlich geschildert ist wie im 8. Kapitel des Römer-Briefes, das ist das *befreiende Wirken* des Geistes Gottes. Noch einmal: Gott zieht uns aus dem morschen Wurzelgrund unseres Lebens heraus – auf seine Seite, damit wir die Welt, die Menschen, und wohl auch uns selbst, mit *seinen* Augen sehen. Im Licht dieses Wirkens des Geistes wird mehr und mehr erkannt: Alles Denken und Streben unserer von Gott entfremdeten Menschenart ist »Feindschaft gegen Gott« (Röm 8,7). Aber Gott hat in Christus diese Feinde *mit sich versöhnt* (Röm 5,10). So groß ist seine Liebe!
Machen wir uns nichts vor! Der religiöse Mensch ist ein Freund

der *Entschärfung* hintergründiger Gegensätze; er meidet den Kampf, er verlegt ihn in Theorie und Meditation. Er sucht Möglichkeiten und Medien des reibungslosen Übergangs. Aber das Kommen des Heiligen Geistes ist Gottes Antwort auf die Frage nach dem »neuen Menschen« und nach neuen Verhältnissen – in einer Welt, in der die »alten Menschen« schlechte Verhältnisse, und die »alten Verhältnisse« schlechte Menschen hervorbringen. Der ganze Kampf steht in einem weiten Kontext und in Korrelationen, die nicht zugunsten eines ausgegrenzt seelisch-geistigen Ringens ausgetragen werden können. Wir befinden uns – im umfassenden Sinn – in der Zeit des *Kampfes* des Neuen gegen das Alte. Der neue Mensch hat und ist nicht ein fertiges Sein; er ist ein ständiges Geschehen. Durch das Evangelium werden wir täglich gerufen, ermutigt und ausgerüstet zum Aufbruch aus dem Alten ins Neue.

Am Anfang alles Wirkens des Heiligen Geistes steht der große Freispruch Gottes: *Vergebung der Sünden*. Es wird, so wurde erklärt, ein ganz neuer Anfang gesetzt. Dieser Freispruch ist ein mitwanderndes Geschehen, denn wir bedürfen täglich neu des Ausgangs in die Freiheit. Den Geist empfangen, vom Geist geleitet sein, das heißt: *befreit* sein und in der *Freiheit* leben dürfen. Aber nun muß noch einmal grundsätzlich gefragt werden: Wie geschieht es denn eigentlich, daß der Heilige Geist in uns wohnt, wirkt, befreit und den *Kampf* heraufführt, von dem im Neuen Testament immer wieder gesprochen wird, wenn es z. B. heißt: »Kämpfe den guten Kampf des Glaubens, ergreife das ewige Leben, zu dem du auch berufen bist . . .« (1 Tim 6,12)? Oder wenn das Leben mit einem Lauf verglichen wird, in dem um den Siegespreis gekämpft wird mit hartem Training und unter viel Verzicht (1 Kor 9,24 ff.)?

Zwei wichtige Tatsachen wird man sich vergegenwärtigen müssen: (1) Wenn im Neuen Testament davon die Rede ist, daß Gottes Geist im Getauften wohnt, dann kann auch erklärt werden, *Christus* wohne im Herzen der Glaubenden (Eph 3,17), Christus wolle und werde Gestalt gewinnen im menschlichen Leben. Wir werden daran erinnert und fortgesetzt darauf hingewiesen, daß das Wirken des Geistes kein anonymes, sondern ein von Jesus Christus ausgehendes und auf ihn selbst konzentriertes Gegenwärtigsein *im* Innersten des Menschen ist. Aber diese Aussagen gehen nicht auf in Christus-Mystik, sondern sie sind begleitet von der anderen Redeweise, daß die menschliche Existenz *in Christus* versetzt ist, d. h. aus sich selbst heraus in ihn verlegt ist und im Kraftfeld seines Naheseins, in der Gegenwart seines Auferstehungslebens jeden Tag beginnen darf. (2) Gottes Heiliger Geist und die Gegenwart Christi werden nur dort erfahren, wo das *Wort und Gebot Gottes* gehört, aufgenommen und in realen Schritten der Nachfolge befolgt wird. Der Kampf des Glaubens wird ausgetragen, wenn die biblische Botschaft in allen Nuancen vernommen und durch die Kraft des Geistes geschärft und vergegenwärtigt in unser Leben eindringt. Dann steht er selbst, Christus, »vor der Türe und klopft an« (Offb 3,19f.). Und seine Verheißung wird zur Signatur alles »Wohnens« des Geistes im »Tempel unseres Leibes«: »Ihr seid schon rein um des *Wortes* willen, das ich zu euch geredet habe« (Joh 15,3).

Wo man aber meint, den Geist zu *besitzen,* wo nicht mehr im Hören des Wortes, in Umkehr und Gehorsam der Kampf zwischen »Geist« und »Fleisch« (Röm 8) ausgetragen und der Schmerz der Geburt des Neuen erlitten wird; wo immer fröhlich, immer selbstgerecht, immer besser als die anderen, immer »selbstverständlich auf Gottes Seite« die Tage durchwandert werden, da ist der »Besitz« des Geistes Gottes nur eine subjektive Einbildung, eine Fassade, hinter der es leer und öde zugeht. Nein, wir können den Geist Gottes nie besitzen; er kann immer nur von uns Besitz ergreifen; und er tut es mit der Kraft des Wortes und der lebendigen Stimme des auferstandenen Christus! »Geist« hängt immer mit *Leben* zusammen, und zwar mit *dem* Leben, das aus dem Tod erweckt wird. Der Tod aber ist die Realität der gesamten Welt des »Fleisches«, in der wir existieren (Röm 8,6). Da wäre es eine Utopie zu meinen, wir könnten, solange wir leben und solange die Welt besteht, das Wort Gottes und die Kraft des Heiligen Geistes anders haben und erfahren denn als guten *Widerspruch* zu dem, was wir sind. So werden wir nie dahin kommen, daß der Geist Gottes uns ganz regiert und führt. Doch wenn der Geist Gottes wirklich die *Grenze* ist, an der wir mit allen unseren Zielsetzungen scheitern, dann sind wir gerettet. Verloren ist nur der Mensch, der ungebrochen, unaufhaltsam und grenzenlos seinen Weg zu Ende geht. Nach neutestamentlichem Verständnis ist »Begierde«: das *Streben ins Grenzenlose,* durch das auch das »religiöse Sich-Bemühen« gezeichnet ist, sofern es kampflos bzw. in Scheingefechten verläuft. Wenn Menschen den Heiligen Geist empfangen und seinem Wirken ausgesetzt sind, dann geht es gewiß um eine *menschliche Erfahrung* und um eine *menschliche Tat*. Was geschieht, ist auch eine Sache des Verstandes, des Willens und der Phantasie. Dies alles gehört zum Leben eines Christen. Der *ganze* Mensch bis tief hinab in die untersten Räume des Unterbewußten, ist in Anspruch genommen. Gottes Beziehung zum Menschen ist ebenso allumfassend wie radikal. Aber dies alles bedeutet keineswegs, daß der Heilige Geist eine Gestalt oder Wesensart unseres Geistes sei und werde. Denn die Schranke bleibt unübersteigbar, die Grenze unverwischt: Das dem Wesen des Menschen entspringende Sinnen und Streben steht im Zeichen des Todes, das Sinnen und Streben des Geistes dagegen ist Leben und Friede (Röm 8,6). Wenn der Geist dessen, der Jesus von den Toten auferweckt hat, in uns wohnt, dann wird derselbe, der Christus von den Toten auferweckt hat, auch unsere sterblichen Leiber lebendig machen (Röm 8,11). Dieses Auferweckungsgeschehen ereignet sich *jetzt,* nicht etwa in einer jenseitigen Sphäre nach dem Tod. Gottes Geist »aktualisiert« Ostern heute. Im Kampf des Glaubens leuchten Spuren des Sieges auf, der am Ostermorgen errungen wurde. Doch wird immer wieder bedacht werden müssen, daß der Aufgang des Neuen nicht nur die Existenz des einzelnen betrifft, sondern auch die gesamten Lebensverhältnisse nicht nur der Seinigen, sondern auch ihrer gesellschaftlichen und politischen Umwelt. Niemand kann sein eigenes Leben herausnehmen und es auf eine religiöse Insel evakuieren. Die Auferstehung Jesu Christi ist ein universales Ereignis, das nicht nur »*meinen* Tod« betrifft, sondern auch und zugleich die gesamten Todesverhältnisse der Unterdrückung und Ausbeutung, des Hungers und der militärischen Aufrüstung. In den Todesverhältnissen unserer Welt wird der Mensch erniedrigt, *Objekt und Opfer* von Ungerechtigkeit, Krieg und Terror zu sein. Der Heilige Geist befreit und ermächtigt ihn, *Subjekt und Helfer* in allen tödlichen Prozessen zu sein. Der Kampf des Glaubens findet dann seine konkrete Ausprägung, dringt heraus aus aller Verkapselung ins Innere und Spirituelle. Und in solchem Geschehen empfängt der Mensch seine Würde, bestehende Verhältnisse des Todes zu verändern, ihnen nicht preisgegeben zu sein in hoffnungsloser Unterwerfung.

Ist nicht alles, was wir da glauben und zu erkennen meinen, blanke Illusion? Haben wir uns nicht, indem wir uns auf die Bibel einließen und dem »Wort Gottes« folgten, auf einen »religiösen Weg« begeben, der uns blind gemacht hat für die gesamte Wirklichkeit der Welt, für die Evolution und für die Vielfalt religiöser Lebensäußerungen, für die »wahren Mächte«, denen das Schicksal der Menschheit ausgeliefert ist? Wurden wir nicht kurzsichtig und vermochten nur das kleine Bild unserer Erde zu sehen, indessen die planetarischen Räume unserem Blick und unserer Lebensorientierung völlig entschwanden oder allenfalls gelegentlich einmal in unser Bewußtsein traten? Noch schärfer gefragt: Was bilden Christen sich eigentlich ein, wenn sie meinen, sie könnten der Explosion des Wachstums der Erdbevölkerung, dem Hungertod, dem jetzt schon ungefähr 45 Millionen Menschen jährlich zum Opfer fallen, den Kriegen (seit 1945 über 130 mit über 20 Millionen Toten), den atomaren Massenvernichtungsmitteln, der Zerstörung der Natur und dem bevorstehenden »Krieg der Sterne« mit ihrem Glauben und mit ihren »frommen Erklärungen« entgegentreten? Der Glaube – eine Illusion? Wäre es nicht sinnvoller, sich dem Nihilismus preiszugeben?

Angesichts aller dieser Fragen, die im tiefsten Grund Fragen nach der *Wahrheit und Wirksamkeit des Heiligen Geistes* sind, wird im Neuen Testament die über die Maßen wichtige Antwort gegeben: »Gottes Geist bezeugt unserem Geist, daß wir Gottes Kinder sind« (Röm 8,16). Was heißt das? In allen grenzenlosen Fragen und Klagen, denen Christen ausgesetzt sind, und denen sie ja nicht ausweichen können, tritt der Heilige Geist als Anwalt und Zeuge auf, und zwar im Innersten unseres Lebens: vor und im menschlichen Geist. Gott selbst bezeugt es den Fragenden und Zweifelnden, daß sie »Gottes Kinder« sind und bleiben, d. h. daß sie – in der Kraft und Gewißheit, die der Heilige Geist schenkt – *zu Gott gehören* und durch keine Gewalt und keine Fakten von ihm getrennt und ins Bodenlose hineingestoßen werden können (Röm 8,35 f.). Diese innerste Sprache und Fürsprache des Heiligen Geistes ist keine Illusion, sondern die in große Gewißheit und in Erleuchtung führende Kraft, in der der lebendige Gott sich selbst bezeugt. Diese Gewißheit kann nicht in die Sicherheit einer eigenen »festen Postition« und eines »uneinnehmbaren Bollwerks« verwandelt werden. Im Kampf, und nur im Kampf des Glaubens tritt der für uns ein, der die Seinen nicht preisgibt und sie gerade dann seiner Gegenwart vergewissert, wenn alle eigenen Potentiale und Hilfstruppen nicht mehr standzuhalten vermögen, wenn also das passiert, was dem menschlichen Geist am nächsten liegt: Resignation, Verzweiflung, Absturz ins Nichts.

Es ist von großer Bedeutung, daß das Neue Testament den Heiligen Geist als »Angeld«, als *»Anzahlung« auf Zukünftiges* bezeichnet (2 Kor 1,22). Das bedeutet: Die künftige Vollendung des Reiches Gottes in einer neuen Erde, in der Gerechtigkeit wohnt (2 Petr 3,13), wird schon jetzt durch das »Pfand« des Heiligen Geistes als unumstößliche Gewißheit und kommende Anteilhabe mitgeteilt. Der Geist Gottes ist also nicht nur Vorbote, sondern Anwalt, Fürsprecher und Zeuge für die in der Macht des Schöpfers und Erlösers ergehende eidliche und versiegelte Zusage zukünftiger Erfüllung des Bundes, der geschlossen ist. Dies alles aber hat nicht nur »individuelle Bedeutung«, sondern reicht weit über das Leben des einzelnen hinaus in die gesellschaftlichen und politischen Verhältnisse, in denen er lebt. Der Heilige Geist ist der *Anfang des Zukünftigen,* in seiner Kraft beginnt die Zukunft des Reiches Gottes schon jetzt.

Nichts stellt alle hier vorgetragenen Ausführungen über den Geist

Gottes so fundamental und umfassend in Frage wie der »*Glaube* an die Evolution«. Bewußt muß in dieser Weise und mit der Hervorhebung des Wortes »Glaube« formuliert werden, weil die naturwissenschaftlichen Forschungen und Theorien, die die Evolution allen Lebens erkannt haben, in einer Überschätzung und Popularisierung der Erkenntnismöglichkeiten der Wissenschaft nicht selten in eine umfassende Weltanschauung, ja sogar in eine Art Ersatzreligion mit entsprechenden Glaubensaussagen verwandelt worden sind. Doch sprechen alle Forschungen zur Evolution des Lebens eine so herausfordernde und gewichtige Sprache, daß sich der christliche Glaube den vor ihm aufgetürmten Problemen stellen muß.

Die umfassende Hypothese der Naturwissenschaften meint, daß alle Aspekte der Wirklichkeit, vom Atom und den Sternen bis zu den Fischen und Blumen, von den Fischen und Blumen bis zu den menschlichen Gesellschaften und Wertschätzungen der *Entwicklung* unterworfen sind. Die gesamte Wirklichkeit – ein einziger Evolutionsvorgang. Im Menschen tritt – nach dieser Theorie – dasjenige Evolutionsstadium hervor, in dem das in der Gesamtentwicklung verwirklichte Sein zur Erkenntnis seiner selbst gelangt ist. Im Menschen erkennt das Sein sich selbst, fragt es nach seinem Urgrund und nach seinem Werden. Ist aber der Mensch aus Evolution hervorgegangen und bleibt er – auch in seinem Erkennen des ganzen Prozesses – ihr unterworfen, dann ergibt sich der Aspekt, daß auch die Entwicklung seiner geistigen Fähigkeiten evolutionsbedingt ist, ja daß sogar »Religion« und »Ethik«, ja alles Überschreiten physischer Grenzen hinein in das Denken eines »Geistes Gottes« nichts anderes sein kann als ein in seiner Komplexität und Spiritualität zunehmender Evolutionsvorgang. Die Gaben und Begabungen des Schöpfers müßten demnach als Hervorbringungen der Evolution verstanden werden; christlicher Glaube und Wirken des Heiligen Geistes als »Selbsttranszendierung« des Gewordenen: Unter allen Spielarten der Religionskritik ist die aus dem Evolutionsdenken hervorgehende die umfassendste.

Nun kann die christliche Lehre von der Schöpfung gewiß und mit gutem Recht auf die völlige Andersartigkeit wissenschaftlicher Forschung und Theoriebildung – im Vergleich mit der Auslegung des Glaubens – hinweisen. So wurde z. B. erklärt: »Die *Schöpfung* ist der unsichtbare Hintergrund der Entwicklung, die *Entwicklung* ist der sichtbare Vordergrund der Schöpfung. Jenes Unsichtbare erfaßt nur der Glaube, dieses Sichtbare erfaßt die wissenschaftliche Forschung« *(E. Brunner).* Doch ist der *Glaube* – in Konsequenz des Evolutionsdenkens – doch als eine besondere, der Entwicklung gegenüber eigenständige Größe gerade in Frage gestellt worden. Damit ist alles das, was zum Wirken des Heiligen Geistes als der schöpferischen und befreienden, Gewißheit und Erleuchtung verleihenden Gegenwart Gottes bis in die Tiefen des menschlichen Geistes herab gesagt wurde, noch einmal und jetzt im Kontext des Themas »Evolution« aufgerufen.

»Gottes Geist bezeugt unserem Geist, daß wir Gottes Kinder sind« (Röm 8,16). Von diesem Ereignis ist auszugehen. Und im Lichte dieses Ereignisses werden Christen weit aufgeschlossen für alle naturwissenschaftlichen Entdeckungen und Erkenntnisse der Evolution; sie spielen dann auch keinen engen Schöpfungsbegriff mehr gegen die durch zahlreiche Argumente gestützte Theorie aus. Aber sie »glauben« nicht an die Evolution, setzen das Werden des Seins nicht an die Stelle dessen, der sie angeredet und durch seinen Geist seiner lebendigen Gegenwart und seines schöpferischen Wirkens – durch seinen Heiligen Geist – gewiß gemacht hat. Christen glauben in der Kraft des Heiligen Geistes an Gott den Schöpfer der Erde und aller planetarischen Räume; ihr Schöpfungsglaube wird geweitet und vertieft durch jede neue Forschung und Entdeckung.

Aber nehme niemand an, in allen diesen Fragen und in den Versuchen einer Beantwortung könne ein fester, unerschütterlicher »Standpunkt« bezogen werden! Aus dem *Kampf des Glaubens* wird kein Christ – zugunsten irgendeiner ruhig zu vollziehenden Gesamtsicht der Dinge – entlassen oder dispensiert. Aus dem Alten Testament können wir lernen, in welcher endlosen Auseinandersetzung Israel stand, seit das Volk sich auf dem

Grund seines Glaubens mit den altorientalischen Weltentstehungstheorien konfrontiert sah und Zug um Zug den Gott Israels als Schöpfer des Himmels und der Erde zu bekennen lernte.
Israel war es auch, das zuerst erfuhr, daß Gott ein sich-herabneigendes, sich selbst vorstellendes Ich ist, das seinen Namen offenbart und sein Wort mitteilt. Mehr noch: Israel erkannte, daß dieser Gott mit seinem Volk einen *Weg* geht, der ein *Ziel* hat: die Begegnung mit allen Völkern und die Aufrichtung des messianischen Reiches am Ende der Tage, die Vollendung der Schöpfung in einer neuen Erde und einem neuen Himmel (Jes 65,17; 66,22). Damit ist der gesamten Menschheit die Gewißheit einer einheitlichen, Ziel-gerichteten Weltgeschichte vermittelt worden. In die Form- und Gestaltlosigkeit der vielfältigen Gruppen-, Sippen- und Völkerschicksale ist eine *unauslöschliche Wegspur* eingezeichnet: Die Geschichte der Menschheit empfängt Ziel und Sinn in der Erwartung des Reiches Gottes, das Inbegriff der Weltvollendung sein wird. Damit sind in die Evolution der Natur die revolutionären, zur Erfüllung hindrängenden Kräfte eben dieses Reiches Gottes hineingekommen – in der Geschichte der Selbsterniedrigung und der befreienden Taten des Schöpfers und Erlöser: »Das Reich Gottes ist nahe herbeigekommen!« (Mk 1,15).
Wie aber verhalten sich die Geschichte des kommenden Reiches Gottes und die »Geschichte der Natur« *(C. F. v Weizsäcker)* zueinander? Verläuft der Weg der Selbsterniedrigung und Befreiung Gottes durch eine – übrigens verschwindend kleine – Phase der Evolution, so erhebt sich doch die Frage: Treffen das *Erfüllungsziel des Reiches Gottes* und das *»Ziel« der Evolution* zusammen? Hat die Evolution ein »Ziel«? Niemand weiß es. Teleologische Sinndeutung wird von strenger Naturwissenschaft verworfen. Wenn *Teilhard de Chardin* trotzdem den Punkt »Omega« anpeilt, dann fallen bei ihm Heilsgeschichte und Naturgeschichte, vorangetrieben durch die »Christogenese« ebenso geheimnisvoll wie vollendend zusammen. Aber könnte die Evolution – jedenfalls für unseren Planeten Erde, den wir bis zum Beweis des Gegenteils als den allein von Menschen belebten

Kosmos kennen – nicht in atomarer Selbstzerstörung und ökologischer Katastrophe enden und jäh abbrechen? Diese Frage und mit ihr die nicht einzudämmende Angst rücken uns immer stärker auf den Leib. Wo bliebe dann das Reich Gottes? Im Jenseits? In der planetarischen Welt? In einem geistigen Reich unsterblicher Seelen?

Gewiß, Christen glauben und bekennen, daß das zukünftige Reich Gottes allen Wünschen und Vorstellungen des Menschen so überlegen sein wird wie Gott selbst in seiner Vollkommenheit und Herrlichkeit. Und doch wird es eine *Realität* sein: neue, verwandelte Erde, in der Gerechtigkeit, Friede und Leben herrschen werden, Inbegriff der Hoffnung auf Gottes sichtbare und nie mehr zweifelhafte Gegenwart, die sich jetzt im Heiligen Geist an unserem Geist bezeugt und ankündigt. Aber werden die Sinn- und Zielerfüllung des Reiches Gottes und die Jahrmillionen der Evolution zusammentreffen? Auf unserer Erde? Im Kontext der planetarischen Räume? Wann und wie wird es geschehen?

Allen Spekulationen und wild wuchernden heils- und endgeschichtlichen Vorstellungen wird die Wurzel abgeschnitten durch die entscheidende Wahrheit: »Wir leben im Glauben und nicht im Schauen« (2 Kor 5,7). Die *Fragen* bleiben so hart und unaufbrechbar, wie sie allen Menschen und deren Weltanschauungen vorgelegt sind. Der Glaube aber ist in den Kampf gestellt, der nicht zur Ruhe kommt – bis das Reich Gottes in Herrlichkeit anbricht. In diesem Kampf ist der Heilige Geist *Gottes eigener Anwalt* bei den Seinen, der ihnen Schritt für Schritt beisteht und sie begleitet. Er befreit aus allen Ängsten, aber auch und vor allem aus der Gefahr, in die bodenlosen Tiefe einer naturhaft oder durch weltgeschichtliche Prognosen motivierten Schicksalsergebenheit und Schicksalsverfallenheit abzustürzen, aus der niemand und nichts mehr rettet.

2. Beten

Es gibt viele Weise des Betens. Hier geht es um das *Gebet des Glaubens,* um das der Erhörung gewisse Gebet. Gemeint ist also nicht das namenlose Bitten und Rufen, sondern das »Gebet im Namen Jesu«. Jesus sagt: »Was ihr bitten werdet in meinem Namen, das werde ich tun« (Joh 14,14). Weil in Jesus Christus Gott selbst zu uns gekommen ist, und er durch seinen Tod den »Zugang zum Vater« geöffnet hat (Eph 2,18), darum steht alles Bitten und Rufen zu Gott in seinem Namen. Er ist der Mittler. Mit seinem Leben und Leiden tritt er für uns ein. Er ist der Sohn, der die Seinen aufnimmt und zusammenschließt in der Anrufung: »Unser Vater«.

Gott spricht nicht nur den Menschen an, er ermöglicht es auch, daß der Angesprochene antwortet. Dazu wurde Israel der *Name* gegeben, der die konkrete Anrufung hervorrief. Und so ist es im Neuen Testament der Name des Christus Jesus, in dem das Gebet geschieht. Doch alles Beten ist zuerst ein *Bitten.* Der angesprochene Mensch wird sofort seiner Bedürftigkeit inne und schüttet die Fülle seiner Not, Bedrängnis und Schuld aus. Er wird befreit von allem, was wortlos auf ihm lastet. Beten ist eine Gabe des Heiligen Geistes. Darum ist es ebenso fehl am Platz, zu erklären: »Ich kann beten«, wie auch auf der anderen Seite: »Ich kann nicht beten«, wobei freilich das Geständnis des Nicht-Könnens der Wahrheit entspricht. Aber die Gabe des Geistes, und damit das Gebet, wird jedem, ob er zu »können« meint, oder »nicht kann«, angeboten. Denn diese Gabe des Heiligen Geistes ist *Wort und Sprache* geworden in den Gebeten der Bibel, vor allem in den Psalmen des Alten Testaments und im Herrengebet (Mt 6,9ff.). In dieses Sprechen des Geistes dürfen wir eintreten und erfahren, wie befreiend und schützend wir aufgenommen werden von den Worten, die alles Fragen und Klagen in sich schließen. Auch Gebetbücher und liturgische Gebete helfen, die Sprache des Geistes und des Glaubens zu finden, die dem natürlichen Menschen so fremd ist. Vor allem aber wird in den Gebets-Texten deutlich, daß das Gebet nicht ein Tummelplatz menschlicher

Wünsche ist, sondern daß im Bitten, Danken und Loben dem Reich Gottes ein *absoluter Vorrang* vor allen menschlichen Anliegen eingeräumt wird. Auch wird in der Fürbitte mehr und mehr erkannt, daß nicht das Ich und seine Interessen im Mittelpunkt stehen, sondern das Leben des Mitmenschen, des nahen und des fernen, das Wirken der Politiker, Journalisten, Ärzte, Krankenschwestern, Lehrer, Richter ebenso wie die Sorge um Gerechtigkeit und Frieden in unserer zerrissenen Welt. Darum werden wir im Herrengebet zuerst und vor allem anderen aufgefordert zu bitten: »Dein Reich komme!« Analog heißt es in Mt. 6,33: »Trachtet *zuerst* nach dem Reich Gottes und seiner Gerechtigkeit, so wird alles andere euch zukommen!« Gott gebietet und erlaubt es den Seinen, für sein Reich in dieser Welt einzutreten und für das Gelingen seiner Sache zu beten. So laden die ersten Bitten des Herrengebets dazu ein, am Weg und Werk des Reiches Gottes teilzunehmen. Das Kommen seines Reiches soll über alles andere wichtig und bestimmend werden. Vieles, was an lebenswichtigen Bitten, wie die um das »tägliche Brot«, vorgetragen wird und auch zur Sprache kommen soll, hängt davon ab, ob der Bittende *vor* allem, was er vorbringt, an Gottes Sache, seinem Weg und Ziel, Anteil bekommt. Nur von der Wahrheit und von dem Ernst der ersten Bitten um Gottes Reich, seinen Willen und die Heiligung seines Namens fällt ein Licht auf alle anderen Bitten, wird überhaupt erst verständlich und sinnvoll, was da erbeten werden soll. Egoistische Wünsche werden umgeschmolzen oder ausgeschieden, wenn einmal erkannt worden ist, worum es *zuerst* im Gebet geht. Der Vorrang, den Gott selbst allen anderen »großen Bitten« gegenüber hat, verbindet uns mit ihm selbst – in der Kraft des Heiligen Geistes, der die Sache des Reiches Gottes in unserer Welt vorantreibt. Darum kann das Gebet des Glaubens nicht ein gemächliches, ruhiges Sprechen sein. Dieses Gebet hat teil am Kampf des Glaubens.

Wie *schwach* in solchem Gebet und Kampf des Glaubens die »Position« des Christen ist, zeigt der Apostel Paulus in Röm 8,26ff. auf: »So nimmt sich auch der Geist unserer Schwachheit an. Denn wir wissen nicht, was wir beten sollen, wie es sich gebührt, sondern der Geist tritt für uns ein mit unaussprechlichem Seufzen. Doch Gott, der die Herzen erforscht, weiß, worauf der Geist bedacht ist, weil er nach Gottes Willen für die Heiligen eintritt.« Was da erklärt wird, ist schwer verständlich. Schon der erste Satz wird zumeist mißverstanden. Wenn es heißt, der Geist nehme sich unserer *Schwachheit* an, dann wird oft gemeint, hier werde eine außergewöhnliche Situation menschlichen Unvermögens angesprochen. Stillschweigend wird dann vorausgesetzt, daß Christen »normalerweise« zu beten imstande sind und daß »Schwachheit« keineswegs die ständige Signatur des Lebens sein kann. Der zweite Satz in seiner negativen Intention (»wir wissen *nicht*, was wir beten sollen«) wird dann als positives Argument eingeführt: Selbstverständlich wissen wir doch – »normalerweise« –, was wir beten sollen; wir kennen die Psalmen, das Herrengebet und die Gebete der Kirche; wir wissen also, was wir beten sollen! Folglich kann mit »Schwachheit« nur eine Ausnahmesituation völliger Verzweiflung und Gebetsunfähigkeit gemeint sein. Aber diese Argumentation verkennt nicht nur die ständige Grundsituation des Menschen, sondern auch den in die letzten Tiefen unserer Unfähigkeit hineinreichenden helfenden und befreienden Beistand des Heiligen Geistes, der auch überall dort am Werk ist, wo die Texte und Inhalte des Betens vorliegen oder »bekannt« sind. Denn in Wort und Sprache biblischer und kirchlicher Gebete kann niemand seine eigene religiöse Stärke demonstrieren und als ein Wissender aus eigener Kraft durchschauen, was er da sagt und tut. Die menschliche Schwachheit kann bei »Könnern« religiös überdeckt und verdrängt werden, so daß die prophetische Enthüllung akut wird: »Dieses Volk naht sich mir mit dem Mund und ehrt mich mit den Lippen, aber ihr Herz ist fern von mir, so daß ihre Furcht vor mir nur angelernte Menschenordnung ist« (Jes 29,13). Von diesem Herz, das Jesaja als »fern von Gott« entdeckt, sagt der Prophet Jeremia: »Über alle Maßen abgründig ist das Herz, und heillos ist es, wer kann es ergründen?« (Jer 17,9). Der Apostel Paulus spricht von »Schwachheit« und faßt in diesen Begriff die Grundbefindlichkeit, das gesamte Wesen und Sein des Menschen, zusammen.

Jesus sagt: »Der Geist ist willig, aber das Menschenwesen [Fleisch] ist schwach« (Mk 14,38).

Gewiß wird diese »Schwachheit«, dieses völlige Unvermögen des Menschen erst durch den Beistand des Heiligen Geistes offenbar. Wie sollte auch ein menschliches Wesen in der Kraft des eigenen Geistes seine Fähigkeit und Unfähigkeit *vor Gott* recht abschätzen und beurteilen können?! Doch nicht das schonungslose Aufdecken menschlicher Schwachheit ist das eigentliche Werk des Heiligen Geistes, sondern die wunderbare Hilfe, die er den Unvermögenden bringt. Kein Christ weiß, was er beten soll, »wie es sich gebührt«, d. h. was in der *konkreten Situation* gegenwärtigen Lebens vor Gott recht und Menschen hilfreich ist. Hier handelt es sich doch nicht um allgemeines, pauschales Gebets-Wissen, sondern um das Hier und Jetzt, in dem wir alle leben! Kein überzeitliches Gebets-Repertoire rührt an die Stunde der Entscheidung, in der die Kirche auf ihrem Weg durch die Dunkelheiten unserer Welt immer wieder steht, und in der wir alle uns befinden. Nur allzu leicht wachsen und wuchern unter dem Gewölbe bekannter Gebets-Rituale und Sprachformen die menschlichen Wünsche und Erwartungen. – Ja, wir wissen nicht, was wir beten sollen, wie es sich gebührt; wissen es nicht im Kampf des Glaubens, in dem immer neue Feinde und Fronten aufziehen! Wir wissen nicht, wie wir Stellung beziehen und antworten sollen in den übermächtigen Bedrängnissen und Fragen, die täglich wachsen. Ein Beter des Alten Testaments hat es ausgesprochen: »Wir wissen nicht, was wir tun sollen; aber auf dich sind unsere Augen gerichtet« (2 Chron 20,12).

Der Geist tritt für uns ein. Als Anwalt Gottes, als helfender und befreiender Beistand. Es beginnt das »unaussprechliche Seufzen«. Die Sprache versagt. Sie kann nicht mehr in Worte fassen, wie groß die menschliche Schwachheit ist. Die Sätze zerbrechen. Doch gerade in dieser Grenzsituation, am Ende aller Möglichkeiten, schlägt die Stunde der *Wahrheit* und der *Hilfe* des Geistes. Das Seufzen und Klagen entspringt nicht psychischen Emotionen; es entspricht der Wende und dem *schöpferischen Neuanfang*, der im Innersten des Menschen anhebt. Nicht die Tatsache, daß der betende Mensch Gott zugewandt ist, kann dominant sein, sondern das Ereignis, daß Gottes Geist in das abgründige Dunkel des menschlichen Herzens einzudringen beginnt. Dieser Geist ist »Gott, der die Herzen erforscht«. Der Äußerung des Menschen geht Gottes Erforschen vorauf. Er allein kennt die zerklüftete Landschaft unseres Innersten mit allen Höhen, Tiefen und Verstecken. Er allein weiß um die Bestrebungen des Willens und Wünschens in allen Abstufungen und Tarnungen. Durch den Beistand des Heiligen Geistes wird *Gottes* Wille dem Menschen nahegebracht. Das ist die Wende. Das ist die Freiheit zu neuem Sprechen, das dem Wirken des Geistes gemäß ist. – Auch hier kann jedoch nichts verallgemeinert oder gar in eine neue Gebets-Theorie aufgenommen werden; denn das Wirken des Geistes ist *konkret* im Heute und Hier des Kampfes, in dem wir Tag und Nacht stehen.

Als Gabe wird der Heilige Geist täglich angeboten. Der Beistand »steht« bereit. Möglicherweise wird er durch die menschliche Stärke und das Gebetsvermögen der Frommen vertrieben und – wie es in der Bibel mehrmals heißt – »betrübt«. *Religiöse Routine* ist stets am Werk, alle schöpferischen Kräfte und Gaben des Geistes Gottes zu mißachten und, statt aus der lebendigen Quelle des Lebens, aus abgestandenen Wasserreservoirs zu trinken. Es kann aber nur wiederholt werden, daß der Beistand des Geistes *Befreiung* anbietet. Befreiung auch und insbesondere von der religiösen Routine des Betens, die die Wurzel aller Stumpfheit und Inaktualität christlichen Denkens und Handelns ist. Andererseits ist der Heilige Geist *Angebot und Gabe* für alle, die *nicht* beten können. Es bleibt die Verheißung bestehen: »Wenn ihr, die ihr böse seid, euren Kindern gute Gaben geben könnt, wieviel mehr wird der Vater im Himmel den Heiligen Geist denen geben, die ihn bitten!« (Lk 11,13). So wird die Realität des Betens aus dem Beistand des Geistes zur Bitte um den Heiligen Geist.

3. Heiligung

Im Herrengebet bitten wir: »Dein Name werde geheiligt!« (Mt 6,9). Der Rekurs auf das Gebot »Du sollst den Namen des Herrn, deines Gottes nicht mißbrauchen« (Ex 20,7) ist unverkennbar. Gottes Name, so sahen wir, enthält das Geheimnis und Wunder konkreter Selbstvorstellung. Der Name ist das Urwort der Offenbarung. Bei seinem Namen will der in der Bibel sich mitteilende Gott erkannt und von allen anderen Mächten und Göttern unterschieden sein. Dieser Name ist aber auch Gabe für jeden, der Gott anruft; gleichsam das *Schlüsselwort des Gebets*. Denn wo im Alten Testament der Name Jahwe ausgesprochen wird, da will der Angerufene gegenwärtig sein und hören. Darum ist der Name *heilig* zu halten, vor jedem Mißbrauch zu bewahren, und also, wie es im Herrengebet heißt, zu »heiligen«. Diese Heiligung gilt auch *Jesus Christus*, der den »Namen, der über alle Namen ist« (Phil 2,9) empfangen hat; in ihm ist Gott gegenwärtig.

Wer den Namen Gottes heiligt, erkennt, was auf dem Spiel steht, wenn auch nur der geringste Mißbrauch dieses heiligen Namen geschieht. Heiligung des Gottes-Namens ist das Werk des Heiligen Geistes, der in alle Wahrheit leitet und die unabsehbare Bedeutung jeder gedanklichen oder verbalen Verfehlung ins Licht stellt. Alles beginnt im *Gebet*. Es wäre Mißbrauch, wenn in die Anrufung des heiligen Gottes böse und banale Wünsche eingehen würden, wenn sein Name zum Vorspann zauberischer Manipulationen und magischer Beschwörungen gemacht würde. Mißbrauch wäre es auch, wenn Gottes Name zur Bekräftigung alltäglicher Aussagen und zur Selbstrechtfertigung herbeizitiert werden sollte. Doch damit sind nur die massiven Fehltritte umrissen. Der Name Gottes wird mißbraucht, wenn Christen, und insbesondere Theologen, den Namen Gottes wie ein Spielzeug handhaben, ihn glatt und selbstverständlich im Mund führen, ohne sich dessen noch bewußt zu sein, was sie tun. Entheiligung des Gottes-Namens würde es sein, wenn alle Probleme und Rätsel blitzschnell mit dem Zauberwort »Gott« gelöst und entsprechende Bibelsprüche wie Rezepte ausgeteilt werden. Überall droht die Gefahr, daß, wenn wir von »Gott« reden, wir so verfahren, als hätten wir ihn als Macht- und Lösungsmittel jederzeit zu unserer Verfügung, als könnten wir bedenkenlos unser eigenes Reden und Tun unter ein »göttliches Vorzeichen« stellen. Dies alles betrifft auch die unbedachte Inanspruchnahme des Christus-Namens in der Bezeichnung »christlich« für sog. »christliche« Gruppen, Vereine, Parteien, Regionen und Völker, die ihrem menschlich-allzu-menschlichen und weltlichen Tun und Treiben ein »göttliches« Vorzeichen voranschicken – als allgemeines »Gesinnungs- und Gütezeichen«, das durch faktisches Verhalten sehr bald diskreditiert wird. So wird der Name Gottes entheiligt und zum Gespött aller Aufmerksamen und Nachdenklichen. Diese Entheiligungen ereignen sich im Zentrum des »Christentums«, das man als die Summe aller Mißverständnisse dessen, was *Christus* sagte und gebot, bezeichnen könnte.

Nach so viel Aufdecken von Mißbrauch und Entheiligung des Namens Gottes ist es an der Zeit, eine positive Erklärung dessen zu finden, was »Heiligung« des Gottes-Namens bedeuten würde. *Calvin* nennt drei Aspekte: (1) »Was unser Verstand von ihm denkt, unsere Zunge ausspricht, das muß seine Würde bezeugen, der Herrlichkeit seines Namens angemessen sein und endlich zur Erhöhung seines Ruhmes dienen.« (2) Wir werden aufgefordert, das Wort Gottes und die Geheimnisse seines Rates und Willens in der Wahrheit und Furcht Gottes anzunehmen und anzuwenden. (3) Wir sollen Gottes große Taten nicht geringschätzen oder herabwürdigen, sondern seine Weisheit, Gerechtigkeit und Güte erkennen und preisen. – In der Heiligung des Gottes-Namens geht es um Gottes Ehre und Herrlichkeit, um seine Souveränität und Freiheit. Aber wie weit sind wir täglich davon entfernt, zu erkennen, wer Gott ist!? Heiligung wäre *Erkenntnis* Gottes, dem Propheten-Wort entsprechend: »Gott bin ich, und nicht ein Mensch, heilig in deiner Mitte, doch kein Vertilger« (Hos 11,9).

»Ihr sollt heilig sein, denn ich bin heilig!« so lautet das Gebot des Alten Testaments (Lev 19,2). Damit wird das Volk Gottes auf die

Seite dessen gezogen, dem es zugehört. Gott selbst ist das *Subjekt* der Heiligung: »Ich bin der Herr, der euch heiligt« (Lev 20,8). Menschen werden aufgerufen und gewürdigt, ein neues, anderes Leben zu führen, das dem heiligen Gott entspricht und *von ihm her* seine Gestalt empfängt. Das Neue Testament nimmt diese Gebote und Taten Gottes auf. Im »Hohenpriesterlichen Gebet« bittet Jesus seinen Vater: »Heilige sie in deiner Wahrheit! Dein Wort ist die Wahrheit. Wie du mich in die Welt gesandt hast, so sende auch ich sie in die Welt. Ich heilige mich selbst für sie, damit auch sie geheiligt sind in der Wahrheit« (Joh 17,17–19). In diesen Sätzen ist das Entscheidende über die Heiligung der Christen ausgesagt. Wieder heißt es zuerst: *Gott* ist der Heiligende. Er holt unheilige, ihren eigenen Zielvorstellungen verfallene Menschen hinein in den Lichtkreis seiner Wahrheit. Im Johannes-Evangelium bezeichnet »Wahrheit« die Wirklichkeit des heiligen Gottes. Mit seinem *Wort* zieht Gott Menschen auf seine Seite, heiligt er sie. Das vom Geist des Redenden erfüllte Wort ist das allmächtige Mittel, Menschen herauszureißen aus den Bindungen und Bannungen ihres Daseins, sie zu erneuern und dem Zielbild entgegenzuführen: »Ihr sollt vollkommen sein wie euer Vater im Himmel vollkommen ist« (Mt 5,48).

Heiligung ist – wird das Gebetswort Jesu genau gehört – kein Vorgang, der am einzelnen Menschen oder in einer sich abschließenden Gruppe vollzogen wird. Heiligung geschieht in der *Sendung zur Welt,* also zu allen denen, die von Gottes Wahrheit noch nichts oder noch nichts Rechtes gehört und erfahren haben. Fraglos geschieht »Mission« im *Wort* der Verkündigung; sie geschieht aber zugleich – und der heiligenden Kraft des Wortes entsprechend – in der *Heiligung* der Ausgesandten. Denn es gilt von der ganzen Existenz der Boten: »Ich seid das Licht der Welt« (Mt 5,14). Dieses Licht kann und darf nicht unter den Scheffel der frommen Selbstbezogenheit oder der abgeschlossenen Gruppe gestellt werden.

Kann aber *ein* Mensch das angezeigte, wunderbare Geschehen der Heiligung erfahren? Ist auch nur ein einziges sterbliches Wesen dazu in der Lage, Gottes Heiligkeit zu spiegeln, Zeuge

des heiligen Gottes zu sein? Dieser Frage darf nicht ausgewichen werden. Denn würde sie gemieden, dann müßte dies ein Zeichen dafür sein, daß der betreffende Mensch letztlich doch davon überzeugt ist, an der Heiligung mit seinen eigenen Möglichkeiten und Fähigkeiten teilzunehmen, bzw. mit großer innerer Zustimmung das erneuernde Geschehen an sich vollziehen zu lassen. Entspricht dies je den Tatsachen? Wird dies je zu einer Wahrheit? – Jesus sagt: »Ich heilige mich selbst für sie.« Kein anderer Satz zeigt deutlicher die menschliche Unfähigkeit an. Doch *er* tritt für uns ein. Er ist der einzige Mensch, der in der Kraft Gottes und seines Geistes sich selbst vollkommen zu heiligen vermag. Und er tut dies nicht für sich selbst, sondern *für uns,* damit auch wir geheiligt sind in der Wahrheit. Wieder wird zu erinnern sein an den Satz: »Aus seiner Fülle haben wir alle empfangen Gnade um Gnade« (Joh 1,16). Es ist der Heilige Geist, in dem und durch den wir alle die *Gnade* der Heiligung erfahren. Paulus sagt: Jesus Christus ist uns von Gott zur Heiligung gemacht (1 Kor 1,30). Aus diesem Ereignis leben Christen, – aber nicht in und für sich selbst, sondern als die in die Welt Ausgesandten. Die Welt-Sendung der Christen bringt es mit sich, daß die Heiligung in alle Bereiche und Verhältnisse unserer Welt ausstrahlt, nicht drohend und einschüchternd, nicht mit »heiliger Strenge« und unerbittlicher Härte, sondern einladend und werbend, befreiend und rettend. Denn Heiligung ist nicht eine religiöse Überhöhung des menschlichen Seins, sondern seine *Bestimmung und Sinnerfüllung* als Geschöpf Gottes. Der geheiligte Mensch ist der wahre Mensch, urbildlich offenbar in Jesus Christus. »Heilige« sind nicht fromme Sonderlinge, sondern Gottes Menschen, der »Heiligung des Geistes« (1 Petr 1,2) gewürdigt.
Gottes *Wille* ist die Heiligung des Menschen (1 Thess 4,3). Mit seinem Wort erwählt und beruft der heilige Gott zur Heiligung (1 Thess 4,7; 2 Thess 2,13). Durch seinen Heiligen Geist führt er seinen Willen aus. Es ist noch einmal darauf hinzuweisen, daß nach neutestamentlichem Verständnis die Heiligung nie *in* einem Menschen liegt, sondern *außerhalb* von ihm, *vor* ihm: »Jagt dem Frieden mit allen nach und der Heiligung, ohne die niemand den

Herrn schauen wird!« (Hebr 12,14). So ist die Heiligung des Menschen Vorbereitung und Einübung für das ihm verheißene und bestimmte ewige Leben. Sie ist Inanspruchnahme des menschlichen Lebens, Seins und Tuns durch den Willen Gottes, zu dessen tätiger Erfüllung angesichts des Zieles der Erwählung und Berufung. Will man es mit dem Neuen Testament anders ausdrücken, so könnte man sagen: Heiligung ist »Wandel im Geist« (Gal 5,16), d. h. eine Lebensführung, die sich der Leitung und dem Wirken des Heiligen Geistes ganz und gar anvertraut.

Gottes Heiliger Geist legt dem Menschen nicht das schwere Joch eines religiösen Sklavendienstes auf. Er führt in die Freiheit *Gottes*. Er läßt Menschen teilhaben an der einzigartigen Freiheit, in der Gott selbst lebt und herrscht. Darum ist Aufmerksamkeit geboten, daß dieses hohe Geschenk der Freiheit nicht verkannt und in menschliche Freizügigkeit und Willkür verwandelt wird. Es könnte sein, daß im Mißverständnis und Mißbrauch dieser Freiheit allen urmenschlichen Gelüsten und Wünschen Raum gegeben wird (Gal 5,13). Darum heißt es: »Führt euer Leben im Geist, dann werdet ihr die Begierden des menschlichen Wesens [Fleisches] nicht vollbringen!« (Gal 5,16). Geleitet vom Heiligen Geist erfährt der Christ, daß Gottes Geist nicht nur ein Geist der Freiheit, sondern auch und zugleich ein *Geist der Liebe* ist. »In der Liebe diene einer dem anderen!« (Gal 5,13). Hat die Freiheit in solchem »Dienst« ihre *Grenze?* Daß die Freiheit des Geistes nicht nur eine »Freiheit zu . . .«, sondern zugleich eine »Freiheit von . . .« ist, bedeutet: Gottes Geist befreit den Menschen von sich selbst, von dem Bezogensein auf das große Ich, vom Dienst am eigenen Wohl und er befreit ihn dazu, *anderen* zu dienen. Als Geist des Christus ist er ein Geist der Hingabe und des Daseins-für-andere. Darin erfüllt sich die Menschlichkeit des Menschen. Freiheit realisiert sich in Mitmenschlichkeit, nicht in Selbstbezogenheit und schrankenloser Selbstverwirklichung.

»An ihren Früchten sollt ihr sie erkennen« (Mt 7,16). Dieses Jesus-Wort weist konsequent auf die *Taten* derer, die ihm nachfolgen. Allein die – dem Wort folgenden und entsprechenden – Taten sind das entscheidende Erkennungszeichen. »Früchte«

kann man nicht machen, sie wachsen. Das Neue Testament spricht von den *»Früchten des Geistes«* und zeigt damit an, welchem Ursprung die Taten zu verdanken sind. »Guttat, Gerechtigkeit und Wahrheit« heißen die »Früchte des Geistes« (Eph 5,9). – Doch bevor wir uns die Früchte näher anschauen – in Gal 5,22 findet sich eine weitere Aufzählung –, muß zunächst eine grundsätzliche Erklärung vorausgeschickt werden. Die Lebenskraft des *Geistes* ist und bleibt der nährende und tragende Ursprung jeder Frucht. Würde man die Früchte von dem Baum, der sie trägt, abschneiden, dann müßten sie bald verdorren und verfaulen, bzw. zu Konserven einer wirkungslosen Moral verkommen. Es kann sich also nicht darum handeln, daß einzelne Tugenden abgepflückt und genossen werden, sondern daß aus dem Wurzelgrund des Heiligen Geistes gelebt und gehandelt wird. Gottes Geist aber will nicht im Einzelleben aufgehalten und eingesperrt sein, er will hinauswirken in die Weltverhältnisse. So können die Früchte des Geistes auch nicht im ausgegrenzten »Schutzpark« der Kirche wachsen und gedeihen, wenn sie nicht sogleich allen denen mitgeteilt werden, die »draußen« sind. Der Geist der Heiligung erweist sich stets als Geist der Sendung.

Die Früchte des Geistes sind *Gerechtigkeit und Frieden, Guttat und Wahrheit*. Wie sollen diese »Früchte« in einer Welt, die im Bann des Bösen, der Ungerechtigkeit und der Kriege, der Unterdrückung und der Lüge lebt, angenommen und wirksam werden? Ist es nicht hoffnungslos, der grausam wirksamen Gewalt des Todes, der Angst und des blinden Sicherheitsstrebens, Gerechtigkeit und Frieden, Guttat und Wahrheit kundzutun und mitzuteilen? Werden diese zarten Früchte des Geistes nicht wie von einer riesigen Walze zerquetscht? Wie können wir uns denn verhalten, wie können wir bestehen in der weltweiten Ungerechtigkeit, in der tödlichen Rüstungsspirale und der zunehmenden Lüge und Angst?

Es ist wohl wichtig zu sehen, daß uns im Neuen Testament keine Handlungsanweisungen und Lösungsmodelle für die Probleme und Nöte unserer Zeit an die Hand gegeben werden. Da findet sich – wie bisweilen bedauernd oder auch höhnisch bemerkt wird –

kein Wort zu atomaren Massenvernichtungsmitteln, weltweiter Ausbeutung und Ungerechtigkeit, zur Zerstörung und Vergiftung der Umwelt, zur Weltraumeroberung, zur Manipulation der Gene und den vielen anderen Themen unserer Zeit. Aber es ist der Christenheit der Heilige Geist, der *Geist der Wahrheit*, gegeben. So läge alles daran, sich von diesem Geist leiten und in alle Wahrheit führen zu lassen. Wie kann dies geschehen?

In Eph 5,10f. werden drei überaus wichtige Hinweise gegeben, die hier zu bedenken sind:

(1) *»Prüft, was dem Herrn wohlgefällt!«* Das ist eine Aufforderung, sich dem zuzuwenden, der der Schöpfer und Erlöser unserer Welt ist; aus dem und durch den und zu dem alle Dinge sind. Ohne ihn und seine konkrete Willensäußerung ist alles, was wir als Christen zu tun uns anschicken, vergeblich und sinnlos. Es geht deshalb um einen ganz neuen Ansatz des Sich-Einstellens und Sich-Verhaltens christlicher Gemeinden in unserer Welt. Nämlich um ein gemeinsames kritisches Fragen und Sprechen, das unter Anrufung des Heiligen Geistes dem Herrn zugewandt ist; ein Fragen und Prüfen, das mitten aus dem politischen Alltag und aus allen Bedrängnissen heraus zum konkreten Gebet wird: »Herr, was willst und erwartest du von uns heute? Was sollen wir tun angesichts aller vor dir ausgebreiteten Nöte und Probleme? Wie sollen wir uns verhalten? Welches Wort und welche Tat findet dein Wohlgefallen?« In solchem Fragen und Prüfen muß alles das ausgeschaltet und weit zurückgestellt werden, was wir immer schon zu wissen meinen, was den Lehren herkömmlicher Ethik und politischen Prinzipien entspricht. Allenfalls Anhaltspunkte können in dieser Hinsicht gewonnen werden. Denn nicht das, was Menschen »wohlgefällt«, hat Vorrang, sondern was heute dem Willen und Gebot Gottes entspricht. Alles, was wir an festen oder auch unsicheren politischen und gesellschaftlichen Ansichten mitbringen, muß in der Gemeinschaft der Gemeinde noch einmal auf den Prüfstand. So allein könnte die oft beklagte »Politisierung« der Kirche überwunden werden. Dies wäre der Weg einer christlichen Gemeinde in unserer Zeit, der dem helfenden und befreienden Wirken des Heiligen Geistes weit

aufgeschlossen ist. Aber diesen Weg haben viele Christen überhaupt noch nicht erkannt, geschweige denn betreten. Oft sind es nur kleine Gruppen in der Gemeinde, die das Gespräch begonnen haben und tastend voranschreiten. Das bestimmende Bild aber bleibt immer noch dies: Jeder kommt mit seiner eigenen politischen Meinung und mit seiner die Weltkrise bedenkenden oder resignierenden Ansicht in die Gemeinde, läßt sich vielleicht von diesem oder jenem konservativen oder fortschrittlichen Theologen ein wenig beeinflussen, betet formelhafte Gebete und orientiert sich – bestenfalls – in kirchenamtlichen Deklarationen und literarischen Abhandlungen. Aber dies alles entspricht nicht wirklich der einer Gemeinde gegebenen Mahnung: »Prüft, was dem Herrn wohlgefällt!« Hier müßte ein ganz neuer Ansatz gefunden werden.
(2) »Habt keine Gemeinschaft mit den unfruchtbaren Werken der Finsternis!« (Eph 5,11). Dies ist die zweite Weisung und Ermahnung. Wenn mit solchen Worten und in solcher Weise gewarnt wird, dann ist davon auszugehen, daß wir alle tief drinstecken in dieser Sphäre »unfruchtbarer Werke der Finsternis«; daß wir daran teilhaben, also Gemeinschaft haben mit Taten der Ungerechtigkeit und Ausbeutung, des Hasses und der Lüge, der Unversöhnlichkeit und des Tötens. Es wäre freilich sehr einfach und entspräche einer bekannten und gewohnten Verhaltensweise, wenn man sich *innerlich* von all dem Bösen *distanziert* (»damit habe ich doch nichts zu schaffen!«); ja, wenn man sich über dies alles entrüstet und empört und dabei den Mund möglichst voll nimmt, damit wenigstens einige es merken: Dieser Mensch gehört nicht dazu! Er distanziert sich! Er hat eine besondere Einstellung!
Aber was geschieht eigentlich dort, wo Menschen oder Gruppen sich »innerlich distanzieren«? Es wird – um es mit dem Bild der Bergpredigt auszusagen – »das Licht unter den Scheffel gestellt« (Mt 5,15). Äußerlich sichtbar und erkennbar ereignet sich nichts, gar nichts. Und tatsächlich wird die Gemeinschaft mit den »unfruchtbaren Werken der Finsternis« beibehalten. Was würde es aber bedeuten, wenn diese Gemeinschaft mit den finsteren

Praktiken aufgegeben wird? Gewiß wird auch hier wieder zu erkären sein: »Prüft, was dem Herrn wohlgefällt!« Aber die urchristliche Gemeinde nannte die »unfruchtbaren Werke der Finsternis« auch bei Namen und zeigte damit deutlich auf, wo in Tat und Wahrheit Abwendung und Distanz einzunehmen geboten ist: Abgötterei, Unzucht, Zauberei, Feindschaft, Zank, Neid, Zorn, Haß, Mord, Fressen, Saufen, Prassen. Realistisch und drastisch wird das Dunkle und Morbide bei Namen genannt. Die Alte Kirche ging dann einen Schritt weiter ins Politische hinein und bezeichnete die Verehrung des Kaisers, die Vergötzung politischer Gewalten also, und den Kriegsdienst als »unfruchtbare Werke der Finsternis«. Christen nahmen am Morden der Kriege nicht teil. Aufgerufen von den katholischen Bischöfen treten heute in den USA Christen aus den Rüstungswerken und Waffenfabriken aus, um unter keinen Umständen der Vorbereitung eines neuen Mordens zu dienen. Und in aller Welt erheben sich Christen gegen die aus Angst und wirtschaftlicher Gewinnsucht herauskommende politische Lüge, daß nur eine gigantische atomare Rüstung das Leben schützen und Sicherheit gewähren kann. Wahrhaftig, es muß konkret und praktisch und faktisch erkennbar werden: »Habt keine Gemeinschaft mit den unfruchtbaren Werken der Finsternis!« Und aus dem Kontext könnte man hinzufügen: »Wache auf, der du schläfst, und stehe auf von den Toten, so wird dich Christus erleuchten!« (Eph 5,14).

(3) Die Ermahnung, keine Gemeinschaft mit den unfruchtbaren Werken der Finsternis zu haben, enthält eine Negation, ein scharfes und konsequentes Nein. Angeschlossen aber ist die Forderung, die *unfruchtbaren, tödlichen Praktiken der Finsternis zu überführen*. Was ist gemeint? Zuerst dies: Christen haben gegenüber dem, was an Bösem und Schrecklichem, an Lüge und Verstellung in der Welt geschieht, nicht in Distanz und Neutralität zu verharren. »Keine Gemeinschaft mit der Finsternis haben« heißt eben nicht: sich in Licht zurückziehen, sondern – das alles, was da im Dunkel geschieht, aufdecken, ans Licht bringen, deutlich ansprechen; die Lügen und Heucheleien des gesellschaftlichen und politischen Lebens radikal, d. h. auf ihre Wur-

zeln hin, bloßlegen. Es entspricht dieses Tun dem prophetischen Wirken des Heiligen Geistes (vgl. Joh 16,8; aber auch Mi 3,8). Nur in der Kraft des Heiligen Geistes empfangen Christen die Ermächtigung und Sendung zu solchem enthüllenden Vorgehen. Doch kann eine derartige kritische und aufdeckende Tätigkeit niemand ausüben, es sei denn, er befasse sich intensiv und vorurteilsfrei mit allen Vorgängen und Tagesereignissen. Ein Höchstmaß an Information und Wachsamkeit wird da gefordert. Nichts kann gelingen, wenn man sich unablässig von den Parolen oder von den nicht selten in Meinungsbeeinflussung verpackten Nachrichten nur einer einzigen Tageszeitung, Rundfunk- oder Fernsehsendung berieseln und beeinflussen läßt. Information und Kritik müssen in der christlichen Gemeinde *gemeinsam* gewonnen werden, damit der Auftrag erfüllt werden kann, die gefährlichen, tödlichen Praktiken der Finsternis zu erkennen, aufzudecken und ans Licht zu bringen.

Die »Früchte des Geistes« wollen nicht auf der silbernen Schale distanzierter Sakralität der Welt dargeboten werden. Alles, was in der je neuen Sendung der Christenheit geschieht, tritt ein in Kampf und Auseinandersetzung. Die Zeit der Pflege individueller Frömmigkeit, die am Zeitgeschehen vorbeilebt, ist abgelaufen. Aber auch die Phase distanzierter Deklamationen. Heiligung ist ein Thema der Weltverantwortung der Christen.

4. Hoffen

Der Geist schenkt die Gewißheit, daß alle, die ihn empfangen und seine innere Stimme vernehmen, untrennbar zu Gott gehören. Denn er verbürgt die Zusage Christi: »Niemand wird sie aus meiner Hand reißen« (Joh 10,28). Er befreit, schützt und führt die von ihm Ergriffenen. Doch keiner befindet sich – auch nur annähernd – in einem himmlischen Zustand, geschweige denn am Ziel und Ende aller Wege Gottes in der Aufrichtung seines Reiches. Was der Heilige Geist mitteilt, ist ein Anfang, ein

Angeld, ein Vorgeschmack des Zukünftigen. Indem wir durch den Geist an Christus »erinnert« werden, genauer: indem der Geist alles, was Jesus Christus gesagt und getan hat, unauslöschlich vergegenwärtigt, kündigt er zugleich das Ende und Ziel der Geschichte des kommenden Reiches Gottes an. Denn der Heilige Geist ist eine endzeitliche Gabe. Daß das Reich Gottes nahe herbeigekommen ist und in seinem Anbruch näher ist als wir uns selbst nahe zu sein vermögen, diese Gewißheit schenkt Gottes Geist. Dadurch wird das Leben der Christen nach vorn orientiert, zur Erfüllung hin. So begründet der Heilige Geist das *Hoffen des Glaubens:* Der Kampf wird nicht umsonst sein; er wird in die Teilhabe am Auferstehungssieg Jesu Christi eintreten. »Wir warten im Geist durch den Glauben auf die Gerechtigkeit in ihrer Erfüllung« (Gal 5,5).

Das Hoffen des Glaubens enthält zwei – auf den ersten Blick einander widerstreitende – Momente: das des *Wartens* und das des *Eilens*. Hoffen ist ein Warten sofern zur kommenden Erfüllung von menschlicher Seite nichts beigetragen werden kann. Wie das Leben und Beten der Psalmsänger ein *Warten auf Gott* ist, auf sein hilfreiches Eingreifen, so ist das Hoffen der Christen gekennzeichnet durch geduldiges Warten auf die Vollendung des Glaubens und das Ziel des Kampfes in Gottes ewigem Reich. Aber dieses Warten ist kein Verharren, kein Stehenbleiben. Der Hoffende eilt dem Ziel entgegen, er bricht auf aus allen Bindungen und Zwängen gegenwärtiger Verhältnisse. Er führt ein Leben, das durch immer neuen Exodus gekennzeichnet ist. Doch in diesen Exodus werden andere mit hineingezogen. Denn schon der Begriff meint den Auszug eines Volkes von Menschen.

In der Hoffnung des Glaubens wird erkannt, daß die »Leiden dieser Zeit« mit allen ihren furchtbaren Auswirkungen an Gewicht verlieren angesichts der zukünftigen Herrlichkeit des Reiches Gottes, in der kein Leid, kein Schmerz und kein Todesschrei mehr sein werden (Röm 8,18; Offb 21,4). Denn die Hoffnung ist nicht nur die Lebenskraft des Glaubens in einem einzelnen Menschen oder in der Kirche, vielmehr wird die *gesamte Schöpfung* durchdrungen von einem angstvollen Warten, das auf Weltvollendung ausgerichtet ist (Röm 8,19). Unter der Decke der als sinnlos erscheinenden Prozesse im Wechselverhältnis von Natur und Geschichte wirkt die treibende Kraft der Hoffnung in aller Welt. So sieht das Neue Testament die Geschichte der Natur. Der Evolution ist durch das Eintreten Gottes in die Geschichte der Menschheit ein neuer »Richtungssinn« gegeben worden, ein zielgerichtetes, noch unbestimmtes und darum ängstliches Warten auf die Zukunft des Reiches Gottes. Ist dies alles nur Spiegelung und Einbildung derer, die den »Anfang« und das »Angeld« der kommenden Herrlichkeit mit dem Heiligen Geist empfangen haben? Die durch den Geist gewirkte Hoffnung des Glaubens geht von der *Gewißheit* aus, daß alle Kreatur der Vollendung des Reiches Gottes sich entgegensehnt, daß sie aus dem Bann der Determinationen erlöst wird und zur Freiheit aller derer gelangt, deren Gemeinschaft mit Gott vom Glauben zum Schauen gelangen soll. Der *eine* große Strom zieht alle Zuflüsse mit sich und führt sie dem Ziel zu.

Den Glaubenden aber gibt der Geist Gewißheit der *Vollendung*, einen Vorgeschmack endlicher und endgültiger Errettung aus aller Gewalt der Finsternis und des Todes. »Auf Hoffnung sind wir errettet. Wo aber das Erhoffte zu sehen ist, da bedarf es keiner Hoffnung; denn wie kann man auf etwas hoffen, das man sieht? Hoffen wir aber auf das, was wir nicht sehen, so warten wir darauf in Geduld« (Röm 8,24f.).

Es ist wahrhaftig nicht leicht, einen solchen Weg zu gehen. Die ständige Neigung, an Sichtbarem sich zu orientieren und an Augenfälliges sich zu halten, ist unabschätzbar groß, sowohl auf dem eigenen Lebensweg wie in der Kirche wie auch in allen Phasen der Wahrnehmung von Weltverantwortung. Alles, was Macht und Größe äußert, wird im Kampf des Glaubens als Rastplatz und Augenweide aufgesucht. Es wird zur Versuchung, die zukünftige Herrlichkeit wenigstens in kleinen Portionen sehen oder herbeiführen zu können. *Erfolg* wird dann zum Kriterium des Reiches Gottes, das doch in Kreuz und Gottverlassenheit herabstieg, um so, und auf keinem andern Weg, die Welt zu retten. Zum Hoffen des Glaubens gehört deshalb die *Geduld* –

der »lange Atem«, nicht aufzugeben und zu rasten, Müdigkeit und Resignation in der Kraft des Heiligen Geistes zu überwinden.

Das Ziel ist greifbar nahe. Nur eine hauchdünne Wand trennt uns von der Vollendung des Reiches Gottes in Herrlichkeit. »Der Herr ist nahe!« (Phil 4,5). Die urchristliche Naherwartung ist kein historisch erledigtes Phänomen, das – psychologisch – auf enthusiastische Spitzenäußerungen des frühen Christentums zurückgeführt werden könnte. Ist das Reich Gottes nahe herbeigekommen und wirkt der Heilige Geist Gewißheit dieser Nähe, dann ist die Naherwartung die Entsprechung, die das Geheimnis des Reiches Gottes in sich aufgenommen hat.

Karl Barth

Der reiche Jüngling

Einleitung von Peter Eicher
Erschienen in der Reihe:
»Evangelium konkret«
Kartoniert. 104 Seiten

Zum 100. Geburtstag Karl Barths am 10. Mai 1986 erscheint seine Auslegung des Evangeliums vom reichen Jüngling – herausgegeben und eingeleitet von Peter Eicher.
Karl Barths Auslegung der Perikope vom reichen Jüngling (Mk 10,17–31) zeigt, wie das Evangelium »für ein Tun befreit, das dem Nächsten wirklich gerecht wird«. Diese Auslegung von der Berufung des Reichen zur Nachfolge in der Armut vermeidet alle ethische Überforderung. Der Text aus Karl Barths Gotteslehre in der »Kirchlichen Dogmatik« gibt Rechenschaft von unserer Angewiesenheit auf Gottes Barmherzigkeit, die uns aus der Gefangenschaft des falschen Reichtums befreit.

Kösel-Verlag · München